DEVOCIONÁRIO DAS SANTAS ALMAS DO PURGATÓRIO

Editor: Instituto Hesed
Projeto Gráfico: Instituto Hesed

Instituto Hesed
Av. Dionísio Leonel Alencar, 1443
60873-073 / Fortaleza-CE
(85) 3274-4513
www.institutohesed.org.br
livrariaimaculada@hotmail.com

Dados Internacionais de Catalogação na Publicação (CIP)
(Câmara Brasileira do Livro, SP, Brasil)

Devocionário das Santas Almas do purgatório. -- 1. ed. --
Fortaleza, CE : Instituto Hesed, 2022.

ISBN 978-65-85056-11-3

1. Alma - Cristianismo 2. Catolicismo 3. Escrituras cristãs 4. Evangelização 5. IgrejaCatólica 6. Purgatório 7. Purgatório - História das doutrinas 8. Salvação.

22-134112 CDD-236.5

Índices para catálogo sistemático:

1. Purgatório : Doutrina cristã 236.5

Aline Graziele Benitez - Bibliotecária - CRB-1/3129

Instituto HeSed

DOIS INSTITUTOS, UMA ÚNICA FAMÍLIA RELIGIOSA
tendo a mesma Regra, Carisma e Patrimônio Espiritual.

Instituto HeSed dos Irmãos da Santa Cruz e da Bem-Aventurada Virgem Maria do Monte Carmelo

Instituto HeSed das Irmãs da Santa Cruz e da Bem-Aventurada Virgem Maria do Monte Carmelo

Ser somente de Deus é uma alegria infinita, na certeza de sermos por ELE amados, especialmente se vivemos com a Virgem Maria, causa de nossa alegria.

Quem somos?

"Eu te desposarei a mim para sempre".
OS 2,21

Somos um instituto religioso de espiritualidade carmelita e Nossa Mãe Santíssima do Carmo é nossa Rainha, Modelo e Mestra da vida interior, alma enamorada que nos conduz à intimidade com Deus e à vida de oração.
Fundado por Ir. Jane Madeleine e Ir. Kelly Patrícia.
Temos mosteiros em Fortaleza, Itajubá, Anápolis, Teresina, Brasília, Natal, Belém, São Paulo e em Portugal.
Da irradiação do nosso carisma fazem parte grupos de leigos (adultos, jovens e crianças) que vivem no mundo.

Vida Fraterna e Trabalho

"Quem ama, faz sempre comunidade; não fica nunca sozinho".

SÃO JOÃO DA CRUZ

Celebramos **a vida fraterna** em momentos de feliz recreação para continuarmos depois com mais zelo e fervor as obras do Senhor.

Também realizamos trabalhos simples e humildes que se transformam em uma poderosa intercessão em favor da Santa Igreja, que agradam a Deus como Lhe agradou todo o trabalho feito por Maria e José na casa de Nazaré, onde encontramos o Menino Jesus, por quem temos um amor especial.

Obras de Evangelização

"Uma única missão não seria o bastante, quisera percorrer a terra, pregar Teu nome e levar a Tua cruz".

SANTA TERESINHA DO MENINO JESUS

Temos um grande trabalho de **evangelização pela música,** realizado com as obras musicais compostas a partir dos escritos dos Santos e da Sagrada Escritura, **interpretadas por uma das fundadoras, Ir. Kelly Patrícia,** e os irmãos e irmãs do ministério de música do instituto.

Também **divulgamos a espiritualidade que vivemos por meio de eventos, do Exército de São Miguel,** palestras, shows, condução de adoração ao Santíssimo Sacramento, cenáculos, grupos de oração, dança, teatro e livraria. Na prática das obras de misericórdia, **auxiliamos a comunidade de irmãos pobres de nossa vizinhança.**

Carisma e Espiritualidade

"Nem mais tenho outro ofício, que só amar é já meu exercício".

SÃO JOÃO DA CRUZ

Com a adoração perpétua e o culto ao Sangue de Cristo, o instituto tem como carisma: experimentar, viver e cantar as Misericórdias de DEUS em uma vida de oração, adoração, contemplação, celebração, ação de graças, missão e expiação pelos sacerdotes, jovens, pecadores e defesa da alma da criança.

Queremos despertar nos corações e no mundo a busca de uma vida de paz e conversão, como pede Nossa Senhora em Medjugorje. Seguindo o Divino Infante e Maria Menina, queremos viver a Pequena Via ensinada por Santa Teresinha.

Para melhor vivermos nossa espiritualidade, elegemos doze baluartes. Os protetores do Menino Jesus: a Santíssima Virgem Maria, São José e os Santos Anjos. Os santos carmelitas: Santa Teresa D'Ávila, São João da Cruz, Santa Teresinha. Além deles, Santa Faustina, São Luís de Monfort, São Frei Pio de Pietrelcina, São João Evangelista, Santa Maria Madalena e São Gaspar del Búfalo.

Jesus e Maria o/a chamam, entre em contato conosco!

VOCACIONAL FEMININO
vocacional.hesed@hotmail.com

VOCACIONAL MASCULINO
vocacionalhesed@yahoo.com.br

VISITE NOSSO SITE
www.institutohesed.org.br

Instituto HeSed

Av. Dionísio Leonel Alencar, 1443
Fortaleza (CE) - Brasil
CEP 60873-073
Tel.: +55 (85) 3274-4513

REDES SOCIAIS:

- Ir Kelly Patricia OFICIAL / Instituto Hesed
- Exército de São Miguel - Instituto Hesed Oficial
- Exército Mirim de São Miguel
- @irkellypatriciaoficial
- @irkelly_institutohesed_oficial
- @institutohesed.oficial (vocacional)
- @hesed.irmaos

Conheça nosso site

www.institutohesed.org.br

Acesse nosso site e saiba mais sobre nós. Partilhe das maravilhas que é viver somente para Deus.

Liturgia diária, santo do dia, mensagens de Nossa Senhora e artigos que alimentam e animam a alma. Além de conferir nossas atividades atuais.

Ainda uma seção exclusiva da Ir. Kelly Patrícia, para que você acompanhe seus últimos trabalhos.

VISITE-NOS!

IRMÃS:

Mosteiro Nossa Senhora Rainha dos Anjos e São José
Av. Dionísio Leonel Alencar, 1443
Parque Santa Maria - **Fortaleza (CE)** | CEP 60.873-073
Tel.: (85) 3274-4513 | What (85) 9636-1941

Mosteiro Nossa Senhora de Guadalupe e de São José
Rua Santa Rita, Chácara 18 e 19 - Cx. Postal 59
Miranápolis - **Anápolis - GO** | CEP 75.024-970
Tel.: (62) 98208-1040 | 99801-0377
hesedguadalupe@hotmail.com

Mosteiro Nossa Senhora das Dores e de Sta Maria Madalena
Rua Basílio Bezerra, 2949
Planalto Ininga - **Teresina - PI** | CEP 64050-200
Tel.: (86) 3025.1717
dores@institutohesed.org.br

Mosteiro Nossa Senhora do Carmo e de Sta Maria Madalena
Av. José de Souza Nogueira, 505 - Santa Rosa
Cx Postal 116 - **Itajubá - MG** | CEP 37.501-557
Tel.: (35) 3622-8848 | 98542-4784
carmo@institutohesed.org.br

Mosteiro Nossa Senhora Rosa Mística e Santa Teresinha
SMT Conjunto 13 Casa 10
Taguatinga - **Brasília - DF** | | CEP 72023-465
Tel.:(61) 98185.0214 | 99673-2513
rosamistica@institutohesed.org.br

Mosteiro Nossa Senhora de Fátima
Rua do Comércio, 03
Praia de Pirangi - **Natal - RN** | CEP 59164000
Tel.: (84) 98620.7074
institutohesed.natalrn@gmail.com

Mosteiro Sagrada Família de Nazaré e São Frei Pio
Rua Miranda Mateus, 304
Bairro Duque de Caxias - Cidade de **Benevides - PA**
CEP 68795-000
Tel.: (91) 98511-0606
hesed.belem@gmail.com

Mosteiro Imaculada Conceição e São José
Av. Armando César Dedine, 891
Nova Piracicaba - **Piracicaba - SP** | CEP 13405-268
Tel.: (19) 99909-3307
mosteiroiconceicao@gmail.com

Mosteiro Nossa Senhora Rainha da Paz e São Tiago
Rua dos Cardins, 25 P - 7595-131
Torrão - Portugal
Tel.:+351 925 540 589
hesed.portugal@hotmail.com

IRMÃOS:

Mosteiro Nossa Senhora de Nazaré
Av. Dionísio Leonel Alencar, 1443
Parque Santa Maria - **Fortaleza (CE)** | CEP 60.873-073
Tel.: (85) 3274-4513 | What (85) 9962-0379

Mosteiro Imaculada Conceição e São João Paulo II
Travessa Segunda, 4
Águas Lindas - Ananindeua **(PA)** | CEP 67118-160
Tel.: What (91) 99357-6264
irmaoshesedbelem@gmail.com

Mosteiro Nossa Senhora da Assunção e São Miguel
R.10, 735 - Boa Morte
Rio Claro - **Rio Claro (SP)** | CEP 13500-230
Santuário Nossa Senhora da Boa Morte e Assunção
Tel.: What (19) 97142-5413
hesed.rioclaro@gmail.com

SÃO JOSÉ, PROVIDENCIAI!

A Providência Divina convida-o a ser um benfeitor regular, participando de nossas obras espirituais e projetos sociais. Poderemos, com o seu auxílio, socorrer e levar o irmão a experimentar, viver e cantar as Misericórdias do Senhor onde Ele nos mandar!

A providência divina na vida de mais de 800 famílias que ajudamos mensalmente só é possível com a sua ajuda e generosidade.

Nós vivemos da providência de Deus e não podemos realizar nada sozinhos. Agora, juntos, com a ajuda de cada guerreiro do Exército de São Miguel conseguimos alcançar milhares de vidas. Assim como o número de famílias e doações, as graças também se multiplicaram.

Acredite: quando buscamos um coração generoso, damos lugar às graças de Deus em nossas vidas, que exigem um coração aberto!

AJUDE-NOS A CONTINUAR A MISSÃO

DOAÇÕES:

Instituto Hesed dos Irmãos e Irmãs
CNPJ 02.779.337/0001-74

Banco do Brasil – Ag 0675-0
Conta Corrente 106184-4

Banco Bradesco – Ag 0452
Conta Corrente 318908-2

Caixa Econômica – Ag 2558
Operação 003
Conta Corrente 3338-8

Banco Itaú - Ag 3827
Conta Corrente 99864-6

Acesse: **https://institutohesed.colabore.org**

Você também pode doar pelo
PIX (pix@institutohesed.org.br)
Envie o comprovante para:
(85) 9910-5655 ou (85) 9962-0378

APLICATIVO
HESED
BAIXE AGORA MESMO
NOSSO APLICATIVO
App Store
Google Play
CONHEÇA O
CENTRO DE
TREINAMENTO
HESED
ESCANEIE AQUI
PEDIDOS DE MISSÃO
Leve o Exército de São Miguel
para a sua cidade!
Para momentos de evangelização e espiritualidade:
retiros para casais, jovens, pregação da Palavra de Deus, conduç
de momentos de oração, Santo Rosário, Terço da Misericórdia e
adoração ao Santíssimo Sacramento.
Whats: (85) 99921-0028

INSTITUTO HESED NAS REDES SOCIAIS

Programas ao vivo:

Rosário da Madrugada 5h
Novena da Pompeia 12h
Terço da Misericórdia 14h30
Terço do Combate 19h15
Palavra de Deus diariamente

Músicas
Novenas
Orações
Formações
Testemunhos

Documentários
Quaresma de São Miguel

Siga nossos perfis oficiais

Exército de São Miguel - Instituto Hesed Oficial

Os momentos mais impactantes do conteúdo do Exército de São Miguel

Conteúdo formativo

Vídeos mais vistos

Instituto Hesed - Arsenal Jovem

- PodCast
- Lives Oracionais
- Testemunhos
- Música

Exército Mirim de São Miguel

Programa ao vivo todos os sábados 10h30

- Dia-a-dia com Jesus
- Adoração
- Histórias
- Formação
- Brincadeiras, desafios, música, diversão
- Quaresma Mirim de São Miguel

IR. KELLY PATRÍCIA

A missão da Ir. Kelly Patrícia está intimamente ligada ao seu grande dom de cantar e compor. Usando deste talento a serviço do Reino de Deus, ela, na maioria de suas músicas, compõe melodias belíssimas com letras dos escritos dos Santos da nossa Igreja.

Ir. Kelly Patrícia, em 25 anos de evangelização por meio da música, tem nos conduzido a um relacionamento profundo com Deus, onde podemos colher a paz, o consolo e a alegria, através dos quinze álbuns de pura espiritualidade.

Trabalhos gravados:
- **CD's de Música:** *Melhores Momentos, Passos no Silêncio, Et Verbum, Noite Escura, Só Deus Basta, Viver de Fé, Esposa do Verbo, Minha Mãe, Ir. Kelly Patrícia Cantando o Terço da Misericórdia, Ir. Kelly Patrícia Acústico, Hesed é Misericórdia, Adorar-Te Perpetuamente e Minha Mãe, Minha Rainha. E os* **trabalhos em formato digital***: Minha Vitória Chegou e Deus é Bom.*

Para tocar **os corações dos jovens**, Ir. Kelly Patrícia, em festivais, encontros para jovens e **na Jornada Mundial da Juventude**, lançou o CD e DVD Busca de Deus e CD Filhos da Luz com arranjos pop rock.

Além destes, gravou **CD's de Oração**: Ofício da Imaculada e Ladainha de Nossa Senhora (cantados em linda melodia) e O Santo Rosário (com Músicas).

- **DVD's:** *Verbi Sponsa, Busca de Deus, Ir. Kelly Patrícia Acústico, Minha Vitória Chegou (YouTube) e Ir. Kelly Patrícia e Exército de São Miguel (Youtube).*

PRODUTOS DO INSTITUTO HESED

DEVOCIONÁRIOS E LIVROS

Grande auxílio na vida espiritual, ajudando a CONHECER E CRESCER NA FÉ, NA VIDA DE UNIÃO COM DEUS, ter uma vida de oração, além de aumentar a sua devoção, a amor a Deus e a Igreja e trazer progresso espiritual.

PRODUTOS EXCLUSIVOS, ESPECIAIS PARA VOCÊ!

Terços, imagens, quadros, medalhas, capelinhas, cruzes entre outros produtos devocionais e muito mais... Produtos que proporcionarão um ambiente de oração e o levarão a Deus.

SUMÁRIO

A DOUTRINA SOBRE O PURGATÓRIO

O Purgatório, segundo os ensinamentos da Santa Igreja, é um estado, ou um lugar, onde as almas que morreram na graça e na amizade de Deus, mas não estão completamente purificados, **embora tenham garantida a sua salvação eterna, passam, após a morte, por uma purificação**, a fim de obterem a santidade necessária para entrarem na alegria do Céu (CIC 1030). É uma verdade de fé, assim como o fato das almas poderem ser aliviadas pelas orações dos fiéis vivos.

A Igreja denomina **Purgatório esta purificação final dos eleitos**, que é completamente distinta do castigo dos condenados. (CIC 1031).

Várias passagens da Sagrada Escritura nos levam a concluir que existe o Purgatório, na Escritura do Antigo Testamento, no Novo e na Tradição.

No II Livro dos Macabeus, (Cap. XII, 26) lê-se que "Judas, valoroso capitão, reúne e envia para Jerusalém doze mil dracmas de prata para que sejam oferecidos sacrifícios pelos mortos. **É coisa santa e salutar orar pelos mortos para que sejam libertados dos seus pecados**".

Algumas passagens relativas à existência do Purgatório no Novo Testamento:

- São Mateus (Cap. XII, 32): "E todo aquele que disser alguma palavra contra o Filho do homem, ser-lhe-á perdoado; porém o que a disser contra o Espírito Santo, não lhe será perdoado, nem neste século, nem no futuro".
- São Paulo em sua 1ª Epístola aos Coríntios (Cap. III, 13-15): "Manifestada será a obra de cada um; porque o Dia do Senhor a fará conhecer, visto que será revelado no fogo, e o fogo provará qual seja a obra de cada um. Se substituir a

obra do que se sobreedificou receberá prêmio. **Se a obra de algum arder, ele sofrerá o prejuízo; mas será salvo, apesar disso, como por meio do fogo**".

- Filipenses (Cap. II, 10). "Para que no nome de Jesus dobrem-se os joelhos no céu, na terra e no inferno". As almas dos condenados não podem dobrar-se. Por inferno o Apóstolo entende o Purgatório.

Na Tradição: Os três Concílios de Cartago (253), de Châlons (579), de Worms (822) e de Trento (1545 a 1563), aprovaram as orações pelos finados. Unânime é o testemunho dos Santos Padres. Santo Efrén ordena que, após sua morte, façam-se orações pelo descanso da sua alma. São João Crisóstomo declara: "**As lágrimas dos vivos não são inúteis aos mortos: as orações e as esmolas são portadoras de conforto para eles**".

Os meios suavíssimos e riquíssimos que DEUS nos concedeu para lhe darmos satisfação pelos pecados, e pela pena temporal que lhe devemos, são tesouros de graça e de misericórdia que podemos aplicar às Almas do Purgatório, cedendo-lhes o fruto satisfatório, no todo ou em parte, de nossas obras das quais as principais são: **a oração, a esmola, a Comunhão, a Santa Missa, o sofrimento, a Via-Sacra, as indulgências, o Ato heróico e a água benta**.

Apresentamos através desta edição O Ofício das Benditas Almas do Purgatório, que foi composto em versos e melodia. É uma oração de ajuda às almas que visa salvá-las e levá-las ao caminho da luz e à vida eterna. É uma tradição essencialmente católica e pode ser recitado de acordo com a Liturgia das Horas ou completo, de uma só vez.

* * *

Nossa Senhora do Carmo e as Almas do Purgatório

Em 16 de julho de 1251, Nossa Senhora, aparecendo a São Simão Stock, superior geral dos Carmelitas, lho entregou dizendo: "**Recebe meu filho, este Escapulário** da tua Ordem, como sinal distintivo da minha confraria e selo do privilégio que obtive para ti e para todos os Carmelitas. **O que com ele morrer, não padecerá o fogo eterno.** Este é um sinal de salvação, uma salvaguarda nos perigos e prenda de paz e de aliança eternas".

Promete a Virgem a proteção aos seus fiéis devotos do escapulário. Esta promessa foi confirmada setenta anos depois, após uma revelação feita por Maria ao Papa João XXII. Declarou este Pontífice numa Bula, que estando em oração, Maria lhe apareceu e disse: "João, Vigário de meu Filho, és devedor da alta dignidade a que chegaste a mim, que pedi por ti. Eu te livrei dos laços dos teus adversários;

espero de ti uma confirmação da Ordem do Carmo, que me foi sempre especialmente dedicada. Se entre os religiosos ou confrades, quando morrerem, se acharem alguns cujos pecados tiverem merecido o purgatório, **eu descerei como terna Mãe no meio deles, no purgatório, no sábado que seguir a sua morte**. Livrarei aqueles que eu lá encontrar e os levarei à Montanha Santa, à feliz morada da vida eterna".

O pecador, portanto, por mais miserável que seja, **pondo a confiança em Maria Santíssima e vestindo seu hábito, tendo aliás a intenção firme de sair do estado do pecado, pode seguramente contar com o auxílio de Nossa Senhora**, a qual lhe alcançará a graça da conversão e da perseverança. O escapulário não é um amuleto que assegure, sob qualquer hipótese, a salvação de quem o usar. Contam-se milhares as conversões de pecadores na hora da morte, atribuídas unicamente ao escapulário de Nossa Senhora do Carmo;

muitos também são os casos que mostram à evidência, que privilégio nenhum favorece a quem, de maneira nenhuma, se quer separar do pecado e levar uma vida digna e cristã. Santo Agostinho diz a verdade, quando ensina: "**Deus, que nos criou sem nossa cooperação, não nos pode salvar sem que o queiramos e desejemos**". Quem não quer deixar de ofender a Deus, morrerá na impenitência; e se Maria Santíssima não ver a possibilidade alguma de arrancar a alma do pecador aos vícios e paixões, fará com que na hora da morte, por uma casualidade qualquer, não se encontre o hábito salvador, o que se tem dado muitas vezes.

Diz o Venerável Dionizio Cartuziano que cada ano, nas grandes festas, a Mãe de Deus desce ao purgatório e liberta muitas almas do sofrimento, levando-as para a glória, sobretudo nas festas da Páscoa, do Natal e da Assunção.

OFÍCIO DAS BENDITAS ALMAS DO PURGATÓRIO

†

Pelo sinal da Santa Cruz, livre-nos Deus, Nosso Senhor, dos nossos inimigos.

Em nome do Pai, do Filho e do Espírito Santo.

MATINAS

Abrirei meus lábios,
Em tristes assuntos,
Para sufragar
Aos fiéis defuntos.

Sede em meu favor,
Salvador do mundo,
E das almas santas
Do lago profundo.

Nós Vos pedimos
Pronta salvação,

Preferindo aquelas
Da nossa intenção.

Para que por vós,
Jesus, Sumo Bem,
Elas já descansem
Para sempre. Amém.

Hino

Deus Vos salve, Cristo,
Em vossa Paixão,
Redentor das almas
Dos filhos de Adão.

Por tal benefício,
Público e notório
Socorrei as almas
Lá no purgatório.

Não entreis com elas,
Senhor, em juízo,
Para que não tenham
Total prejuízo.

Porque na presença
Do Crucificado
Nenhum dos viventes
É justificado.

Pelo santo Sacrifício,
Da sagrada Missa,
Não useis com elas
Da Vossa justiça.

Com as tristes almas,
Senhor meu, usai
Das misericórdias
De Deus, vosso Pai.

Vós sois o Cordeiro
Todo ensanguentado,
Para o bem das almas
Tão sacrificado.

Supra o Vosso Sangue,
Precioso e Santo,
O dever das almas
Que padecem tanto.

Peçamos a Deus
A eterna luz,
Para os que já dormem
Em Cristo Jesus.

Ouvi, meu bom Deus,
O deprecatório,
Em favor das almas
Lá no purgatório.

- Pai Nosso e Ave Maria.

Oração

Onipotente e Misericordioso Deus e Senhor Nosso, supremo dominador dos vivos e mortos. Pelos merecimentos infinitos do Vosso Unigênito Filho, e também pelos grandes merecimentos da sempre Virgem Maria sua Mãe, e por todos os merecimentos dos bem-aventurados, concedei propício o perdão das penas que merecem as almas dos fiéis defuntos, pelas quais fazemos estas preces para que, livres do purgatório, possam gozar da eterna glória, por todos os séculos dos séculos. Amém.

PRIMA

Sede em meu favor,
Salvador do mundo,
E das almas santas
Do lago profundo.

Nós Vos pedimos
Pronta salvação,
Preferindo aquelas
Da nossa intenção.

Para que por Vós,
Jesus, sumo bem,
Elas já descansem
Para sempre. Amém.

Hino

Deus Vos salve, ó Excelso
Senhor compassivo
Das almas que penam
Entre tal fogo vivo.

Segundo batismo
Lhes dai, meu Senhor,
Batismo de fogo
Purificador.

Como em Babilônia
Os três inocentes,
Só de Vós se lembram
Nas chamas ardentes.

Só a Vossa clemência
As pode remir
Do fogo que arde
Sem as consumir.

Fogo que formastes
Com tais predicados,
Para a expiação
Dos nossos pecados.

Muito mais ativo
Que o calor do sol,
Pior que uma frágoa,
Que um vivo crisol.

Supra o Vosso sangue,
Que é tão meritório,
O dever das almas
Lá no purgatório.

Aplacai das chamas
Também o calor
Daquele tremendo
Fogo expiador.

Peçamos a Deus
A eterna luz,
Para os que já dormem
Em Cristo Jesus.

Ouvi, meu bom Deus,
O deprecatório,
Em favor das almas
Lá no purgatório.

- Pai Nosso e Ave Maria..

Oração

Onipotente e Misericordioso Deus e Senhor Nosso, supremo dominador dos vivos e mortos. Pelos merecimentos infinitos do Vosso Unigênito Filho, e também pelos grandes merecimentos da sempre Virgem Maria sua Mãe, e por todos os merecimentos dos bem-aventurados, concedei propício o perdão das penas que merecem as almas dos fiéis defuntos, pelas quais fazemos estas preces para que, livres do purgatório, possam gozar da eterna glória, por todos os séculos dos séculos. Amém.

TÉRCIA

Sede em meu favor,
Salvador do mundo,
E das almas santas
Do lago profundo.

Nós Vos pedimos
Pronta salvação,
Preferindo aquelas
Da nossa intenção.

Para que por Vós,
Jesus, sumo bem,
Elas já descansem
Para sempre. Amém.

Hino

Deus Vos salve, Pai
De misericórdia,
Onde resplandece
A paz e a concórdia.

Por tal excelência
Que em Vós adoramos,
Socorrei as almas,
Por quem suplicamos.

Tão aferrolhadas
Como Manasses,
Mover lá não podem
Nem mãos e nem pés.

Privadas de verem
Ao grande Adonai,
Seu eterno Rei,
Seu divino Pai.

Mais penalizadas
Do que Absalão,
Por já não gozarem
De Deus a visão.

Como o santo Jó,
Tão amargamente
Lágrimas derramam
Para Deus somente.

Qual o rei profeta
Seus olhos aflitos
Estão já enfermos
Por falta de espírito.

Médico divino
Só Vossa virtude
Pode dar às almas
Eterna saúde.

Peçamos a Deus
A eterna luz,
Para os que já dormem
Em Cristo Jesus.

Ouvi, meu bom Deus,
O deprecatório,
Em favor das almas
Lá no purgatório.

- Pai Nosso e Ave Maria.

Oração

Onipotente e Misericordioso Deus e Senhor Nosso, supremo dominador dos vivos e mortos. Pelos merecimentos infinitos do Vosso Unigênito Filho, e também pelos grandes merecimentos da sempre Virgem Maria sua Mãe, e por todos os merecimentos dos bem-aventurados, concedei propício o perdão das penas que merecem as almas dos fiéis defuntos, pelas quais fazemos estas preces para que, livres do purgatório, possam gozar da eterna glória, por todos os séculos dos séculos. Amém.

SEXTA

Sede em meu favor,
Salvador do mundo,
E das almas santas
Do lago profundo.

Nós Vos pedimos
Pronta salvação,

Preferindo aquelas
Da nossa intenção.

Para que por Vós,
Jesus, sumo bem,
Elas já descansem
Para sempre. Amém.

Hino

Deus Vos salve, nosso
Divino Mecenas,
Protetor das almas
Que estão entre penas.

Vós sois nosso irmão
Pela humanidade,
Nosso advogado
Com a divindade.

Derramai mil graças
Dessas santas mãos
Sobre as pobres almas
Dos nossos irmãos.

Obrai, pois, com elas,
Já com brevidade,
Um gasto estupendo
Da Vossa bondade.

Apressai as horas,
Chegai os momentos,
De finalizarem
Seus grandes tormentos.

Não Vos recordeis
Dos tempos passados,
Quando cometeram
Seus grandes pecados.

Supra o Vosso sangue,
Tão satisfatório,
O dever das almas
Lá no purgatório.

Acabai as Vossas
Correções fraternas,
Para que já gozem
Delícias eternas.

Peçamos a Deus
A eterna luz,
Para os que já dormem
Em Cristo Jesus.

Ouvi, meu bom Deus,
O deprecatório,
Em favor das almas
Lá no purgatório.

- Pai Nosso e Ave Maria.

Oração

Onipotente e Misericordioso Deus e Senhor Nosso, supremo dominador dos vivos e mortos. Pelos merecimentos infinitos do Vosso Unigênito Filho, e também pelos grandes merecimentos da sempre Virgem Maria sua Mãe, e por todos os merecimentos dos bem-aventurados, concedei propício o perdão das penas que merecem as almas dos fiéis defuntos, pelas quais fazemos estas preces para que, livres do purgatório, possam gozar da eterna glória, por todos os séculos dos séculos. Amém.

NOA

Sede em meu favor,
Salvador do mundo,
E das almas santas
Do lago profundo.

Nós Vos pedimos
Pronta salvação,
Preferindo aquelas
Da nossa intenção.

Para que por vós,
Jesus, sumo bem,
Elas já descansem
Para sempre. Amém.

Hino

Deus Vos salve, Cristo,
Pastor piedoso
Das almas benditas
Do lago penoso.

Libertai as almas
Pastor sempiterno
Daquele lugar,
Que é junto do inferno.

Qualquer dessas almas,
Que pena terá?
Por que, no inferno,
Quem Vos louvará?

Nestas tristes almas,
Senhor, acabai,
Os justos castigos,
De Deus, Vosso Pai.

Supra Vosso Sangue,
Tão satisfatório,
O dever das almas,
Lá no purgatório.

Quebrai, meu Jesus,
Poderoso e forte,
Aquelas prisões,
Dos laços da morte.

Seja o Vosso braço,
O libertador,
Das almas que penam
Em tanto rigor.

Por Vós finalize,
Jesus soberano,
Nestas tristes almas,
A pena do dano.

Peçamos a Deus
A eterna luz,
Para os que já dormem
Em Cristo Jesus.

Ouvi, meu bom Deus,
O deprecatório,
Em favor das almas
Lá no purgatório.

- Pai Nosso e Ave Maria.

Oração

Onipotente e Misericordioso Deus e Senhor Nosso, supremo dominador dos vivos e mortos. Pelos merecimentos infinitos do Vosso Unigênito Filho, e também pelos grandes merecimentos da sempre Virgem Maria sua Mãe, e por todos os merecimentos dos bem-aventurados, concedei propício o perdão das penas que merecem as almas dos fiéis defuntos, pelas quais fazemos estas preces para que, livres do purgatório, possam gozar da eterna glória, por todos os séculos dos séculos. Amém.

VÉSPERAS

Sede em meu favor,
Salvador do mundo,
E das almas santas
Do lago profundo.

Nós Vos pedimos
Pronta salvação,
Preferindo aquelas
Da nossa intenção.

Para que por Vós,
Jesus, sumo bem,
Elas já descansem
Para sempre. Amém.

Hino

Deus Vos salve, Filho
Do Onipotente,
Com as tristes almas,
Sempre tão clemente.

Tende compaixão
Dessas tristes almas,
Que estão padecendo
Rigorosas chamas.

Bem como as securas
Do rico avarento,
Padecem as almas
Do mesmo tormento.

Assim como os cervos,
Dos vales e montes,
Quando, sequiosos,
Procuram as fontes.

Assim mesmo, as almas
Querem excessivas
Só de Vós, meu Deus,
Fonte de águas vivas.

Mandai-lhes, propício,
As águas da graça,
Para melhorarem
Daquela desgraça.

O perdão das almas,
Senhor, alcançai,
Das misericórdias
De Deus, Vosso Pai.

Vosso Sangue seja
Propiciatório,
De Deus para as almas
Lá no purgatório.

Peçamos a Deus
A eterna luz,
Para os que já dormem
Em Cristo Jesus.

Ouvi, meu bom Deus,
O deprecatório,
Em favor das almas
Lá no purgatório.

- Pai Nosso e Ave Maria.

Oração

Onipotente e Misericordioso Deus e Senhor Nosso, supremo dominador dos vivos e mortos. Pelos merecimentos infinitos do Vosso Unigênito Filho, e também pelos grandes merecimentos da sempre Virgem Maria sua Mãe, e por todos os merecimentos dos bem-aventurados, concedei propício o perdão das penas que merecem as almas dos fiéis defuntos, pelas quais fazemos estas preces para que, livres do purgatório, possam gozar da eterna glória, por todos os séculos dos séculos. Amém.

COMPLETAS

Converta-nos Deus
A nós todos juntos,
Para sufragarmos
Os fiéis defuntos.

Sede em meu favor,
Salvador do mundo,
E das almas santas
Do lago profundo.

Nós Vos pedimos
Pronta salvação,
Preferindo aquelas
Da nossa intenção.

Para que por Vós,
Jesus, sumo bem,
Elas já descansem
Para sempre. Amém.

Hino

Deus Vos salve, Esposo
Das almas fiéis,
Que estão padecendo
Tormentos cruéis.

Olhai compassivo
Para as fadigas
Dessas que não são
Vossas inimigas.

Mesmo assim Vos amam
Em tal padecer,
Sem aqueles toques
Do doce prazer.

Como as virgens loucas
Foram imprudentes,
Perdoai as suas
Ações negligentes.

Celebrai depressa
As núpcias eternas,

Com aquelas almas
Humildes e ternas.

Conduzi-as logo
À feliz herança
Da Vossa suprema
Bem-aventurança.

Transportai-as já
Sem mais dilação,
Para os tabernáculos
Da Eterna Sião.

Por Vós, gozem elas,
Sem maior detença
Os doces efeitos
Da Vossa presença.

Peçamos a Deus
A eterna luz,
Para os que já dormem
Em Cristo Jesus.

Ouvi, meu bom Deus,
O deprecatório,
Em favor das almas
Lá no purgatório.

- Pai Nosso e Ave Maria.

Oração

Onipotente e Misericordioso Deus e Senhor Nosso, supremo dominador dos vivos e mortos. Pelos merecimentos infinitos do Vosso Unigênito Filho, e também pelos grandes merecimentos da sempre Virgem Maria sua Mãe, e por todos os merecimentos dos bem-aventurados, concedei propício o perdão das penas que merecem as almas dos fiéis defuntos, pelas quais fazemos estas preces para que, livres do purgatório, possam gozar da eterna glória, por todos os séculos dos séculos. Amém.

OFERECIMENTO

Nós Vos oferecemos,
Ó bom Deus propício,
Pelas tristes almas
Este breve ofício.

Vós que sabeis tudo
Quanto nós pensamos,
Bem sabeis quais almas
Hoje sufragamos.

Participem todas
Por Vossa bondade
Conforme a justiça
E a caridade.

Para que só por Vós,
Jesus, Sumo Bem,
Em paz já descansem
Para sempre. Amém.

* * *

ORAÇÃO DE SANTA GERTRUDES

Eterno Pai, ofereço-Vos o Preciosíssimo Sangue do Vosso Divino Filho Jesus, em união com todas as Santas Missas que hoje são celebradas em todo o Mundo, por todas as santas Almas do Purgatório, pelos pecadores, em todos os lugares, pelos pecadores na Igreja Católica, pelos pecadores em todas as outras igrejas, pelos da minha casa e meus vizinhos. Amém.

* * *

ATO HERÓICO PELAS ALMAS

O ato heróico pelas almas consiste em oferecer a Nosso Senhor, pelas mãos de Maria Santíssima, todas as nossas obras satisfatórias, em favor das almas do purgatório. É um ato de caridade muito agradável a Deus, e que merece, a quem o fez, as graças mais preciosas. Quem faz este voto ganha indulgência plenária todas as segundas-feiras que participar da Missa e todas as vezes que comungar. Os sacerdotes gozam de altar privilegiado todos os dias.

* * *

ORAÇÃO PELAS ALMAS EM GERAL

Ó Deus, Criador e Redentor de todos os fiéis, concedei às almas de vossos servos a benigna remissão de todos os seus pecados, para conseguirem pelas pias súplicas de vossa Igreja a indulgência a que sempre aspiram. Amém.

Dai-lhes, Senhor, o descanso eterno, entre os resplendores da luz perpétua.

* * *

PELAS ALMAS DOS IRMÃOS, PARENTES E BENFEITORES

Ó Deus, que concedeis o perdão benigno e amais a salvação humana, suplicamos a Vossa clemência, pela intercessão da bem-aventurada sempre Virgem Maria e de todos os vossos santos, que aos irmãos, parentes e benfeitores, que passaram desta vida, permitais que cheguem ao consórcio da eterna bem-aventurança. Amém.

Dai-lhes, Senhor, o descanso eterno, entre os resplendores da luz perpétua.

* * *

PELA ALMA DO PAI OU MÃE

Ó Deus, que nos mandastes honrar o pai (à mãe), compadecei-vos benignamente da alma daquele (daquela) de quem sou filho, perdoando-lhe os seus pecados, e fazei que eu chegue a vê-lo (vê-la) entre os júbilos da eternidade. Amém.

Dai-lhes, Senhor, o descanso eterno, entre os resplendores da luz perpétua.

* * *

PELO PAI E A MÃE

Ó Deus, que nos mandastes honrar a pai e mãe, compadecei-vos benignamente das almas daqueles de quem sou filho e fazei que eu chegue a vê-los entre os júbilos da eterna claridade. Amém.

Dai-lhes, Senhor, o descanso eterno, entre os resplendores da luz perpétua.

* * *

SALMO "DE PROFUNDIS" (SL 129)

– Das profundezas eu clamo a Vós, Senhor,
escutai a minha voz!
– Vossos ouvidos estejam bem atentos
ao clamor da minha prece!
– Se levardes em conta nossas faltas,
quem haverá de subsistir?
– Mas em vós se encontra o perdão,
eu vos temo e em vós espero.
– No Senhor ponho a minha esperança,
espero em sua palavra.
_ A minh'alma espera no Senhor
mais que o vigia pela aurora.
– Espere Israel pelo Senhor
mais que o vigia pela aurora!
– Pois no Senhor se encontra toda graça e copiosa redenção.
– Ele vem libertar a Israel
de toda a sua culpa.

V. Dai-lhes, Senhor, o eterno descanso,

R. Entre os esplendores da luz perpétua.

V. Da porta do inferno

R. Livrai, Senhor, suas almas.

V. Descansem em paz.

R. Amém.

V. Ouvi, Senhor, minha oração

R. E chegue a Vós o meu clamor.

Oração

Ó Deus, Criador e Redentor de todos os fiéis, concedei às Almas de vossos servos e servas a remissão de todos os seus pecados, a fim de que, pelas humildes súplicas de vossa Igreja, obtenham o pleno perdão que sempre esperam de Vossa infinita misericórdia. Vós que viveis e reinais por todos os séculos dos séculos. Amém.

* * *

LADAINHA PELAS ALMAS DO PURGATÓRIO

Senhor, **tende piedade de nós!**
Cristo, **tende piedade de nós!**
Senhor, **tende piedade de nós!**

Jesus Cristo, **ouvi-nos!**
Jesus Cristo, **atendei-nos!**
Pai Celeste, verdadeiro Deus, **tende piedade das almas do purgatório!**
Filho, Redentor do mundo, verdadeiro Deus,
Espírito Santo, verdadeiro Deus,
Santíssima Trindade, que sois um só Deus,

Santa Maria, **rogai pelas almas do purgatório!**
Santa Mãe de Deus,
Santa Virgem das virgens,
São Miguel,
Santos Anjos e Arcanjos,

Coro dos Espíritos Bem-Aventurados,
São João Batista,
São José,
Santos Patriarcas e santos Profetas,
São Pedro,
São Paulo,
São João,
Santos Apóstolos e santos Evangelistas,
Santo Estevão,
São Lourenço,
Santos Mártires,
São Gregório,
Santo Ambrósio,
Santo Agostinho,
São Jerônimo,
Santos Pontífices e santos Confessores,
Santos Doutores,
Santos Sacerdotes e santos Levitas,
Santos Frades e santos Eremitas,
Santas Virgens e santas Viúvas,
Vós todos, santos amigos de Deus,

Sede-nos propício, **perdoai-lhes, Senhor!**
Sede-nos propício, **ouvi-nos, Senhor!**

De seus sofrimentos, **livrai-as, Senhor!**
Da vossa cólera,
Da severidade da vossa justiça,
Do remorso da consciência,
Das tristes trevas que as cercam,
Dos prantos e gemidos,
Pela vossa encarnação,
Pelo vosso nascimento,
Pelo vosso doce Nome,
Pela vossa profunda humildade,
Pela vossa obediência,
Pelo vosso infinito amor,
Pela vossa agonia e vossos sofrimentos,
Pela vossa paixão e vossa santa cruz,
Pela vossa santa ressurreição,
Pela vossa admirável ascensão,
Pela vinda do Espírito Santo consolador,
No dia do julgamento,

Ainda que sejamos pecadores, **nós vos pedimos, ouvi-nos!**

Vós que perdoastes aos pecadores e salvastes o bom ladrão,

Vós que nos salvais por misericórdia,

Vós que tendes as chaves da morte e do inferno,

Dignai-Vos livrar das chamas nossos parentes, amigos e benfeitores,

Dignai-Vos salvar todas as almas que gemem longe de vós,

Dignai-Vos ter piedade daqueles que não têm intercessores neste mundo,

Dignai-Vos admiti-las no número de vossos eleitos,

Cordeiro de Deus, que tirais os pecados do mundo, **dai-lhes o descanso eterno!** (3 vezes)

Oração

Ó Deus, Criador e Redentor de todos os fiéis, concedei às almas de vossos servos e de vossas servas, a remissão de todos os pecados, a fim de que, pelas humildes orações da vossa Igreja, eles obtenham o perdão que sempre desejaram. É o que vos pedimos por elas, ó Jesus, que viveis e reinais por todos os séculos. Amém.

* * *

TERÇO DAS ALMAS

Credo

No lugar do Pai Nosso:

Descanso eterno dai-lhes, Senhor, e a luz perpétua os ilumine, descansem em paz. Amém.

No lugar da Ave Maria:

Jesus e Maria amo-Vos, salvai almas.

No lugar do Glória:

Coração agonizante de Jesus, tende piedade dos moribundos.

* * *

TERÇO DAS ALMAS (2)

No lugar do Pai Nosso:

Eterno Pai, ofereço-Vos o Preciosíssimo Sangue do Vosso Divino Filho Jesus, em união com todas as Santas Missas que hoje são celebradas em todo o Mundo, por todas as santas Almas do Purgatório, pelos pecadores, em todos os lugares, pelos pecadores na Igreja Católica, pelos pecadores em todas as outras igrejas, pelos da minha casa e meus vizinhos. Amém.

No lugar da Ave Maria:

Jesus, Maria e José, eu Vos amo, salvai almas.

No lugar da Salve Rainha:

"Sagrado Coração de Jesus, sede nosso Amor"!

"Doce Coração de Maria, sede nossa Salvação"!

Encerramento:

Dai-lhes, Senhor, o descanso eterno e que a luz perpétua as ilumine.

Descansem em paz. Amém.

* * *

TERÇO DAS ALMAS (3)

É muito antiga a devoção do chamado Terço das Almas. É um terço que se reza em poucos minutos e pode constituir um excelente ato de piedade, sobretudo no Mês das Almas. Para rezar o Terço das Almas utiliza-se um terço normal.

Em cada conta grande, reza-se:

Meu Deus, creio em Vós porque sois a própria verdade; espero em Vós porque sois fiel às Vossas promessas; amo-Vos porque sois infinitamente bom e amável.

Em cada conta pequena, diz-se:

Jesus piedoso, dai-lhes o eterno descanso.

Em vez do Glória, diz-se: Meu Jesus, misericórdia!

Nas três contas junto da cruz, diz-se:

Jesus, não me deixeis morrer sem receber os últimos sacramentos.

* * *

TERÇO DA MISERICÓRDIA

No início, com as contas de um Terço nas mãos, reza-se:

Pai Nosso - Ave Maria - Credo

Em vez do Pai Nosso, reza-se:

"Eterno Pai, eu Vos ofereço o Corpo, o Sangue, a Alma e a Divindade de vosso Diletíssimo Filho, Nosso Senhor JESUS CRISTO, em expiação dos nossos pecados e do mundo inteiro".

Em vez das Ave Marias, reza-se:

"Pela Sua dolorosa paixão, tende misericórdia de nós e do mundo inteiro".

No final do Terço:

"DEUS Santo, DEUS forte, DEUS imortal, **tende piedade de nós e do mundo inteiro**". (3x)

"Ó Sangue e Água, que jorrastes do Coração de JESUS, como fonte de misericórdia para nós, **eu confio em Vós**". (3x)

"JESUS, **eu confio em Vós!**" (3x)

* * *

ORAÇÃO À NOSSA SENHORA DE MONTLIGEON

Ó Nossa Senhora Libertadora, tem piedade de todos os nossos irmãos defuntos, especialmente daqueles que mais precisam da misericórdia do Senhor.

Intercede por todos os que nos deixaram para que se complete neles a obra do Amor que purifica. Faz que a nossa oração, unida à da Igreja, contribua à sua salvação eterna e socorra neste mundo os nossos irmãos na provação ou no pecado.

Mãe da Igreja, ajuda-nos a viver, aqui na terra, cada vez melhor a nossa passagem para a Ressurreição. Cura-nos de toda a mancha do corpo ou da alma, faz de nós testemunhas do invisível já voltados para os bens que os olhos não podem ver, Apóstolos da Esperança semelhantes às Sentinelas da Aurora.

Refúgio dos pecadores e Rainha de todos os Santos, reúne-nos todos um dia para a Páscoa Eterna, na casa do Pai, Por Jesus Cristo Nosso Senhor.

* * *

LADAINHA DE NOSSA SENHORA DE MONTLIGEON

(em favor das almas abandonadas do Purgatório)

Senhor, **tende piedade das almas abandonadas.**
Jesus Cristo,
Senhor,

Jesus Cristo, **ouvi-nos.**
Jesus Cristo, **atendei-nos.**

Pai dos Céu, que sois Deus, **tende piedade das almas abandonadas.**
Filho, Redentor do mundo, que sois Deus,
Espírito Santo, que sois Deus,
Santíssima Trindade que sois um só Deus,

Maria, Filha do Pai Eterno, **socorrei as almas abandonadas.**
Maria, Mãe do Redentor dos homens,
Maria, Templo do Espírito Santo,
Maria, escolhida pelo Deus de toda a eternidade,
Maria, cantada pelos profetas,
Maria, aurora do Sol da Justiça,
Maria, preservada da maldição trazida contra o gênero humano,
Maria, isenta do pecado original,

Maria, sobre quem o demônio nunca imperou, **socorrei as almas abandonadas.**
Maria, cheia de graça,
Maria, a mais pura das virgens,
Maria, a mais santa das esposas,
Maria, modelo de fé e de humildade,
Maria, modelo de vida interior,
Maria, modelo de submissão à Vontade de Deus,
Maria, modelo de todas as virtudes,
Maria, honra da humanidade,
Virgem, saudada pelo anjo S. Gabriel,
Virgem, digna de todos os louvores,
Virgem, que todas as nações proclamam bem-aventurada, Virgem por quem o Verbo Se revestiu da nossa carne,
Virgem, a quem Deus Se submeteu,
Maria, que subtraístes o Menino Jesus ao furor de Herodes,
Maria, que partilhastes os sofrimentos do Salvador do mundo,
Maria, que seguistes Jesus Cristo ao Calvário,

Maria, que sacrificastes o vosso Filho pela nossa salvação,
Maria, cujo coração foi transpassado por uma espada de dor,
Maria, cujo corpo não experimentou a corrupção do túmulo,
Maria, cujo trono está junto do de Jesus,
Maria, Rainha dos anjos,
Maria, Rainha de todos os santos,
Maria, Rainha do Céu e da Terra,
Maria, Terror dos demônios,
Maria, que coroais os eleitos,
Maria, dispensadora das graças divinas,
Maria, penhor de salvação para os que Vos invocam,
Maria, cujo nome inspira confiança,
Maria, cuja mão sempre abençoa,
Maria, imagem do Coração de Jesus,
Virgem compassiva,
Medianeira da paz entre Deus e os homens,
Fonte de vida,
Porta do Céu,
Força dos fracos,

Providência dos infelizes,
Consoladora dos aflitos,
Guia dos que procuram o Senhor,
Asilo dos órfãos,
Porto dos náufragos,
Refúgio dos pecadores,
Assistência dos moribundos,
Esperança dos desesperados,
Maria, que ides ao encontro das nossas necessidades,
Maria, que não desprezais ninguém,
Maria, que nunca sois implorada em vão,
Maria, Mensageira dos Céus,
Nossa Senhora do Purgatório,
Nossa Senhora de Montligeon,

Cordeiro de Deus, que tirais o pecado do mundo, **perdoai às almas mais abandonadas.**

Cordeiro de Deus, que tirais o pecado do mundo, **ouvi as nossas orações pelas almas abandonadas**.

Cordeiro de Deus, que tirais o pecado do mundo, **tende piedade das almas abandonadas.**

Jesus Cristo, **ouvi-nos.**
Jesus Cristo, **atendei-nos.**

V. Santa Mãe de Deus, vinde em ajuda das almas abandonadas.
R. A fim de que elas sejam dignas das promessas de Cristo.

Oração

Ó Deus, Criador e Redentor do mundo, tirai os pecados dos Vossos servos e das Vossas servas que o descuido dos homens esquece no Purgatório: que as nossas satisfações lhes possam obter a libertação pela qual elas suspiram.

Senhor, que nos ordenais que rezemos pelos que Vós amais, dignai-Vos abrir o Céu às almas que saíram deste mundo, e pô-las na posse do repouso e da felicidade eternas. Peço-Vo-lo por meio da Vossa Santa Mãe e de todos os Santos. Amém.

* * *

ORAÇÃO PELAS ALMAS ABANDONADAS DO PURGATÓRIO

Nossa Senhora de Montligeon, tende piedade das santas almas retidas por certo tempo longe de vós no fogo purificador. Quebrai suas cadeias e livrai-as do abismo onde gemem, aspirando à pátria e suspirando pelo momento feliz da união definitiva com Deus que seus corações desejam ardentemente. Tende pena, sobretudo, das almas mais abandonadas, por elas vos rogamos especialmente.

Ó Mãe de bondade, dignai-vos a aceitar as nossas súplicas e atendê-las nós vo-lo suplicamos, Maria. Reuni-nos todos no céu, junto a Nosso Senhor Jesus Cristo, vosso adorável Filho, que vive e reina com o Pai e o Espírito Santo nos séculos dos séculos. Amém!

* * *

ORAÇÃO À NOSSA SENHORA DO CARMO

Ó bendita e imaculada Virgem Maria, honra e esplendor do Carmelo! Vós que olhais com especial bondade para quem traz o vosso bendito escapulário, olhai para mim benignamente e cobri-me com o manto da vossa maternal proteção. Fortificai minha fraqueza com o vosso poder, iluminai as trevas do meu espírito com a vossa sabedoria, aumentai em mim a fé, a esperança e a caridade. Ornai minha alma com a graça e as virtudes que a tornem agradável ao vosso divino Filho.

Assisti-me durante a vida, consolai-me na hora da morte com a vossa amável presença e apresentai-me à Santíssima Trindade como vosso Filho e servo dedicado; e lá do céu, eu quero louvar-vos e bendizer-vos por toda a eternidade.

Nossa Senhora do Carmo, libertai as benditas almas do purgatório. Amém!

* * *

ORAÇÃO À NOSSA SENHORA DO CARMO PELAS ALMAS

Em nome do Pai, do Filho e do Espírito Santo. Amém.

Saúde dos Enfermos, **rogai por nós.**

Refúgio dos pecadores,

Consoladora dos aflitos,

Ave Maria...

Nossa Senhora do Monte Carmelo.

Amantíssima Mãe do Divino Jesus, que vos dignastes fazer do monte Carmelo, na Terra Santa, um local santificado para a manifestação de vosso celestial poder, sede propícia às minhas preces, ajudai-me na luta contra o pecado, ajudai-me a me tornar digno da clemência de vosso Filho Nosso Senhor Jesus Cristo.

Nossa Senhora, advogada dos aflitos, lançai vosso olhar sobre as almas sofredoras no outro mundo e sobre a alma de....(dizer o nome da pessoa falecida).

Amparai-o(a) com a vossa infinita bondade, rogai a Deus Pai, Todo Poderoso, a Deus Filho Nosso Senhor Jesus Cristo, a Deus Espírito Santo, pelo perdão de seus pecados, de suas faltas e conduzi a sua alma, talvez ainda sofredora, à luz eterna, à celestial mansão de Deus, dos Anjos, dos Patriarcas, dos Apóstolos, dos Mártires, das almas que se mantiveram firmes na fé em vosso Amado Filho Nosso Senhor Jesus Cristo.

Senhora do Carmo, ouvi o seu apelo: “Do abismo clamei a Ti, Senhor. Senhor, ouvi minha oração”.

Nossa Senhora do Carmo, rogai por .....(nome da pessoa).

Nossa Senhora do Carmo, intercedei por .....(nome da pessoa).

Nossa Senhora do Carmo, protegei .....(nome da pessoa).

Oh! Maria Concebida sem pecado, rogai por nós que recorremos a vós. (3 vezes).

Rezar um Pai Nosso, Três Ave Marias e uma Salve-Rainha.

* * *

ROSÁRIO ÀS SANTAS CHAGAS DE CRISTO

No início:

Fazer o sinal da Cruz, rezar o creio e após...

Oh! Jesus, Divino Redentor, tende Misericórdia de nós e do mundo inteiro.

Deus Forte, Deus Santo, Deus Imortal, tende piedade de nós e do mundo inteiro.

Graça, Misericórdia, Meu Jesus; nos perigos presentes, cobri-nos com Vosso preciosíssimo Sangue.

Pai Eterno, tende Misericórdia de nós, pelo Sangue de Jesus Cristo, Vosso Filho Unigênito, tende Misericórdia de nós, Vos suplicamos. Amém, Amém, Amém.

No lugar do Pai Nosso:

Pai Eterno, eu Vos ofereço as santas Chagas de Nosso Senhor Jesus Cristo para curar as de nossas almas.

No lugar de cada Ave Maria:

Meu Jesus, perdão e misericórdia: Pelos méritos de Vossas Santas Chagas.

Terminando o Rosário, deve-se rezar três vezes:

Pai Eterno, eu Vos ofereço as Santas Chagas de Nosso Senhor Jesus Cristo: Para curar as de nossas almas. Amém.

* * *

ORAÇÃO DIÁRIA PELAS ALMAS

Senhor e Deus onipotente, suplico-vos que, pelo Santíssimo Corpo e Preciosíssimo Sangue que Vosso Divino Filho, na noite de Sua Paixão, deu em comida e bebida a seus apóstolos e deixou a toda Igreja em sacrifício perpétuo e salutar alimento dos fiéis, livreis as almas do purgatório e, em especial, a mais devota desse mistério de amor, para que, por ele, Vos louve com o Vosso Divino Filho e com o Espírito Santo na eterna glória. Amém.

Três Pai Nossos, Três Ave Marias e Três Glórias ao Pai.

* * *

ORAÇÃO PELOS AGONIZANTES

Ó misericordioso Jesus, que ardeis de amor pelas almas, suplico-Vos, pelos méritos da agonia do Vosso Sacratíssimo Coração e das dores de Vossa Mãe Imaculada, purificai em Vosso Sangue todos os pecadores da Terra que estão em agonia e hoje mesmo devem morrer. Amém.

(Santo Afonso de Ligório recomendava que a rezássemos várias vezes ao dia, pois é rica em indulgências).

* * *

COROINHA PELOS DEFUNTOS

V. O nosso auxílio está no nome do Senhor.
R. Que fez o céu e a terra.

Salmo 129

R. **Escutai, Senhor, a voz da minha súplica.**

Do profundo abismo chamo por Vós, Senhor: Senhor, escutai a minha voz. Estejam os vossos ouvidos atentos à voz da minha súplica. R.

Se tiverdes em conta as nossas faltas, Senhor, quem poderá salvar-se?
Mas em Vós está o perdão, para serdes temido com reverência. R.

Eu confio no Senhor,
a minha alma confia na sua palavra.
A minha alma espera pelo Senhor,
mais do que as sentinelas pela aurora. R.

Mais do que as sentinelas pela aurora,
Israel espera pelo Senhor, porque no Senhor está a misericórdia
e com Ele abundante redenção.
Ele há de libertar Israel de todas as suas faltas. R.

Dai-lhes, Senhor, o descanso eterno entre os resplendores da luz perpétua. Descansem em paz. Amém.

Coroa pelas almas

1 - Consideremos o estado comovedor das Almas do Purgatório. Elas são justas, amigas de Deus e destinadas ao céu. Encontram-se terrivelmente atormentadas, sem poder fazer obra alguma meritória por si mesmas. Voltam-se então para nós pedindo a ajuda das nossas orações.

Uma Ave Maria, dez Pai Nossos.

Dai-lhes, Senhor, o descanso eterno...

2 - Consideremos como podemos facilmente, por meio das nossas orações, ajudar as Almas do Purgatório e a obrigação que temos de sufragá-las, porque, se não podem ajudar-se a si mesmas, é justo e razoável pedir ao Altíssimo por elas que tanto suspiram por sair das penas do Purgatório e entrar no Paraíso para gozar eternamente da visão de Deus.

Uma Ave Maria, dez Pai Nossos.

Dai-lhes, Senhor, o descanso eterno...

3 - Consideremos que as Almas do Purgatório por nós socorridas, quando estiverem no céu, como esposas singularmente amadas por Deus, intercederão com o máximo empenho junto da sua Divina Majestade por quem com tanta piedade as libertou das penas do Purgatório. Na verdade, isto devia ser para nós motivo suficiente para sufragar abundantemente aquelas Almas, para ajudá-las a alcançar,

o mais cedo possível, o céu, onde não deixarão de ser nossas particulares advogadas e fervorosas intercessoras.

Uma Ave Maria, dez Pai Nossos.

Dai-lhes, Senhor, o descanso eterno...

Ao terminar esta Coroa de Nosso Senhor Jesus Cristo, oferecemo-la às suas Santíssimas Chagas para que ela seja de refrigério para as Almas do Purgatório, e em particular para aquelas que foram devotas deste santo exercício.

Uma Ave Maria, dez Pai Nossos.

Dai-lhes, Senhor, o descanso eterno...

Oração por todos os fiéis defuntos

Deus, Criador e Redentor de todos os fiéis, concedei às almas dos Vossos servos o perdão dos seus pecados, de modo que, pelas nossas humildes súplicas, alcancem a indulgência que sempre desejaram. Por Nosso Senhor Jesus Cristo, Vosso Filho, que é Deus convosco na unidade do Espírito Santo. Amém.

Dai-lhes, Senhor, o descanso eterno entre os resplendores da luz perpétua. Descansem em paz. Amém.

* * *

COROA PELAS ALMAS DOS SACERDOTES NO PURGATÓRIO

Frutos maravilhosos desta devoção

Uma senhora de Bolzano (Itália) que oferecia, desde há anos, o Sangue de Jesus pelos sacerdotes defuntos, deixara de praticar esta devoção, em virtude dos muitos afazeres domésticos e para tratar do marido doente.

Uma tarde, em casa, ela viu entrar na sala um número incalculável de sacerdotes. Eram de todas as idades e de todos os países e esperavam diante dela, com expressão angustiada.

Surpreendida, ela perguntou-lhes, do que é que estavam à espera. De repente, ela viu aproximar-se dela um sacerdote jovem que lhe disse: «Nós estamos à espera das 33 ofertas do Sangue de Jesus para nos aliviar as nossas penas».

A senhora compreendeu, então, o grande poder desta devoção que ela abandonara e que começou de novo a praticar, nunca mais a tendo deixado de fazer.

Como se reza

Peçamos a Jesus que se digne aplicar os méritos do tormento da sede que Ele suportou na Cruz pelas almas que estiveram no Purgatório por nossa culpa.

Dai-lhes, Senhor, o descanso eterno entre os resplendores da luz perpétua, que descansem em paz. Amém.

Oremos

Senhor Jesus Cristo, Sacerdote Eterno, que na Vossa Vida terrena, socorrestes com generosa solicitude, as almas aflitas e abandonadas, nós Vos suplicamos que olheis com compaixão as almas sacerdotais, toda a hierarquia religiosa que, no Purgatório, sofre mais atrozmente e que são esquecidas e abandonadas por todos. Olhai estas almas atormentadas pela voracidade das chamas e ouvi-as gritar por misericórdia e pedir socorro.

Ó Coração Misericordioso de Jesus, que sofreis cruéis tormentos espirituais na amarga solidão do jardim das Oliveiras, oferecei a Deus a Vossa resignação e a Vossa Dolorosa Paixão e Agonia pela libertação destas almas sacerdotais.

Reza-se 4 vezes:

"Nossa Senhora do Sagrado Coração, rogai pelas almas sacerdotais e religiosas".

Reza-se onze vezes a seguinte oração:

"Pai Eterno, eu Vos ofereço o Sangue preciosíssimo de Jesus pelas almas sacerdotais e religiosas que mais sofrem e que mais abandonadas estão no Purgatório"

(Repetir mais duas vezes esta forma de oração)

Oração a Nossa Senhora do Sagrado Coração

Mãe de Misericórdia e Mãe do sacerdote Eterno, Rainha dos Apóstolos volvei o vosso olhar cheio de piedade a estas almas sacerdotais e religiosas pelas quais nós rezamos.

Ó doce Rainha do Sagrado Coração, mostrai-nos o vosso poder e libertai as almas sacerdotais e religiosas das penas do Purgatório pelos méritos do Preciosíssimo Sangue de Jesus.

Lembrai-vos, ó Mãe Admirável dos Sacerdotes que agonizam hoje e salvai aqueles que estão, talvez neste momento, a lançar a sua coroa sacerdotal sob os pés do demônio para a sua perdição eterna.

S. José, S. Miguel Arcanjo, Santos Apóstolos, bispos e sacerdotes, e cada habitante bem-aventurado do Paraíso, intercedei por estas almas sacerdotais e religiosas que sofrem. Consolai-as, apoiai-as, apressai a sua libertação e a sua entrada gloriosa no Paraíso.

E vós, almas santas, intercedei por nós e obtende-nos a graça **(fazer o pedido)** se ela for para a glória de Deus e para a salvação da nossa alma para que possamos dar a conhecer a todos a vossa poderosa intercessão e esta devoção à glória de Deus e para nossa felicidade eterna. Amém.

* * *

NOVENA E OITAVA PELOS DEFUNTOS

AO PAI ETERNO

Pai Onipotente e Eterno, diante do qual vivem os mortos não menos que os vivos, adoro a Vossa infinita Santidade que nada de impuro admite no reino da glória, admiro a Vossa sabedoria e agradeço a Vossa misericórdia que com a criação do Purgatório preparou um meio seguro para purificar de todas as máculas e tornar dignas do céu todas aquelas almas que partem desta vida sem antes ter satisfeito as dívidas contraídas para com a Vossa divina justiça. E uma vez que, como Pai Amorosíssimo de todos os fiéis que estão no Purgatório, nada desejais mais vivamente que vê-las reconciliadas convosco e admiti-las à posse da Vossa herança no Paraíso, aceitai, por favor, em união com os sufrágios de toda a Igreja, as humildes preces pelos nossos irmãos defuntos. Fazei que vejam aquilo em que acreditaram, que possuam aquilo que esperaram e que gozem dos bens que amaram. Dignai-Vos ainda perdoar-nos as culpas com que merecemos o Purgatório e ajudar-nos a aproveitar no futuro todos os trabalhos da vida para poder passar, depois de uma morte santa, sem demora, para a alegria dos eleitos no céu.

Maria, Virgem das Dores, oferecei os vossos méritos e valorizai as nossas orações, para libertar as Almas do Purgatório das suas penas.

Pai Nosso, Ave Maria, Glória.

Dai-lhes, Senhor, o descanso eterno entre os resplendores da luz perpétua. Descansem em paz. Amém.

A JESUS CRISTO

Amorosíssimo Redentor, que pela salvação das almas sofrestes o suplício da cruz, e derramastes até à última gota o Vosso Sangue Divino para que todos tivessem uma satisfação maior que as próprias dívidas, dignai-Vos olhar com olhos de misericórdia para as Almas do Purgatório, a fim de extinguir de todo ou, pelo menos mitigar em grande parte, as penas que as atormentam. Queremos ser muito fervorosos para merecermos junto de Vós uma tão grande graça, que Vós mesmo desejais que vo-la peçamos, para assim favorecer os conselhos da Vossa misericórdia. Mas, se as nossas preces não são dignas de ser atendidas, escutai através delas as dessas Almas que Vos foram fiéis até ao último suspiro, e que agora anseiam voar para os Vossos braços de onde jamais se afastarão. Como podereis Vós não Vos comover com os seus gemidos, não escutar os seus votos?

Ah! Como no dia da Vossa morte descestes aos lugares inferiores não só para triunfar dos Vossos inimigos, mas também para consolar os Vossos crentes, descei agora ao cárcere do Purgatório, e anunciando a paz a quantos se encontram prisioneiros, levai-os convosco para o Vosso reino.

Maria, Virgem dolorosa, oferecei os vossos méritos, e valorizai a nossa oração para libertar das suas penas as Almas do Purgatório.

Pai Nosso, Ave Maria, Glória.

Dai-lhes, Senhor, o descanso eterno...

AO ESPÍRITO SANTO

Divino Espírito Santo, santificador das almas, cuja natureza é bondade e cujo maior prazer é usar de misericórdia, olhai com olhos de compaixão as Almas do Purgatório que sofrem continuamente o tormento de não estar na Vossa presença, que sois o único sumo bem, e que sofrem tanto mais quanto sabem que poderiam ter evitado muitos males enquanto estavam nesta vida e poderiam ter feito mais penitência dos seus pecados e afastar-se com maior solicitude das pequenas transgressões da Vossa lei.

Vós que sois pai de toda a consolação, mitigai as suas penas: atendei as nossas súplicas. Tendo em conta a fidelidade com que Vos serviram na terra, esquecei as faltas que cometeram pela fragilidade da sua natureza. Fazei que sem tardança a luz suceda às trevas, o repouso ao trabalho, a alegria à tristeza, concedendo-lhes aquela eterna felicidade que prometestes a Abraão e a toda a sua descendência.

Dignai-Vos ainda fazer-nos compreender como é grande a dívida que contraímos com os nossos pecados, para que vivamos de modo a satisfazer todas essas dívidas até agora contraídas e a não contrair outras novas no futuro.

Virgem das Dores, oferecei os vossos méritos e valorizai a nossa oração para libertar das suas penas as Almas do Purgatório.

Pai Nosso, Ave Maria, Glória.

Dai-lhes, Senhor, o eterno descanso...

A MARIA SANTÍSSIMA

Amorosíssima Consoladora de todos os aflitos, Mãe de todos os fiéis tanto vivos como defuntos, volvei os vossos olhos misericordiosos para as Almas do Purgatório, que são merecedoras de piedade, porque incapazes de ajudar-se a si próprias interponde junto do trono da divina misericórdia todo o poder da vossa mediação; oferecei em desconto das suas faltas, a vida, a paixão, a morte, o sangue preciosíssimo e os méritos inefáveis do vosso divino Filho, assim como todos os vossos méritos e os de todos os santos do céu e de todos os justos da terra; finalmente todos os sacrifícios, comunhões, penitências, orações e esmolas e todas as boas obras feitas até agora e que ainda se farão no futuro para libertar as Almas dos seus tormentos; quer pelo afastamento do sumo Bem, quer pelo esquecimento em que são deixadas pela maior parte dos homens.

Três Ave Marias e três vezes Dai-lhes, Senhor, o descanso eterno...

A SÃO MIGUEL

Glorioso Arcanjo São Miguel, que como principal protetor de todo o povo hebreu, por um caminho semeado de vitórias e de prodígios o trouxestes do Egito onde era escravo e o levastes para a terra pela qual suspiravam; vós que, como especialíssimo protetor do místico rebanho evangélico tendes sempre as vossas delícias em libertá-lo dos perigos, em consolá-lo em todas as tribulações e em satisfazer todos os seus santos votos, dignai-vos obter para as Almas do Purgatório a mitigação e a abreviação dos tormentos que padecem, como consolastes os três jovens da Babilônia tornando inofensivas as chamas que os circundavam. Com a vossa benigna presença, vós fizestes que triunfassem de todo o assalto do inimigo, quando estavam para sair deste exílio, e, defendendo a sua causa junto do tribunal divino obtivestes a sentença que lhes assegura o céu, completai agora a vossa obra implorando a sua rápida libertação do cárcere em que se encontram.

E, como é vosso ofício introduzir as almas santas no reino da luz solenemente prometido aos verdadeiros filhos de Abraão, não tardeis em levar para o esplendor da glória as Almas que sofrem no Purgatório. Nós vo-lo pedimos com as súplicas mais fervorosas e certos da vossa anuência aos nossos piedosos desejos, vos prometemos, desde agora, o mais vivo reconhecimento à divina misericórdia, não menos que a vós que sois, depois da Virgem Maria, o mais magnífico dispensador e o mais caritativo servidor.

Três Santo Anjo do Senhor e três vezes Dai-lhes, Senhor, o descanso eterno...

A SÃO JOSÉ

Glorioso patriarca São José, à vossa poderosa intercessão recomendo vivamente o repouso e a paz eterna de todas as Almas que sofrem no Purgatório. Vós não podeis deixar de olhar com carinho para aqueles que são filhos queridos da vossa esposa, Maria Santíssima, e mãe ternissima de Jesus, que quis estar subordinado a vós e ser considerado vosso filho.

Vós que sois tão generoso em socorrer todos os que sofrem neste vale de lágrimas sê-lo-eis muito mais em aliviar das penas as Almas do Purgatório. Suplico-vos, portanto, ó grande administrador das graças e dos tesouros de Deus, que interponhais frequentemente por essas almas a vossa eficaz oração tanto mais que nada vos negará no céu aquele que se comprazeu em ser vosso súdito na terra.

Três Glórias ao Pai e três vezes Dai-lhes, Senhor, o descanso eterno...

AS ALMAS DO PURGATÓRIO

Almas santas do Purgatório, que no meio do sofrimento bendizeis continuamente essa dor que vos purifica para vos tornar dignas do céu, consolai-vos porque se estais presas de mãos e pés, não podendo ajudar-vos a vós mesmas, há, porém, na terra quem esteja livre e ágil para levar até ao céu uma ajuda a vosso favor. Consolai-vos porque se até agora estivestes atormentadas e aflitas, não demorará muito que, reconciliadas com o Senhor por meio dos nossos sufrágios, o mesmo Senhor enxugará com a própria mão as vossas lágrimas e vos introduzirá no reino da luz e da paz onde já não mais haverá angústia ou dor.

Nós vos recordamos para vos sufragar: lembrai-vos de nós para ajudar-nos porque embora nada possais a vosso favor, pelos outros podeis muitíssimo.

Por piedade! Quando chegardes à glória pela qual aspirastes com tantos gemidos, recordai-vos daqueles que satisfizeram por vós e que anteciparam a vossa glória. E como vivem no meio de um mar encapelado que a cada instante ameaça naufrágio, fazei com a vossa intercessão que evitem todos os escolhos, superem todas as tempestades para que, caminhando seguros pelo caminho que já percorrestes, alcancemos um dia convosco o porto que desejamos da felicidade eterna.

Dai-lhes, Senhor, o descanso eterno...

* * *

ORAÇÕES PELOS PARENTES DEFUNTOS

PELOS PRÓPRIOS PAIS

Deus de misericórdia e de bondade, que para além de nos terdes recomendado que honrássemos pai e mãe, prometestes especiais bênçãos aos que fossem fiéis em cumprir tão rigoroso dever, dignai-Vos ouvir as minhas orações pela pronta libertação de meus pais, se ainda estão no Purgatório. Dignai-Vos acolher no céu aqueles a quem, depois de Vós, sou devedor da minha vida.

Os muitos trabalhos que sofreram por mim e a ternura que me manifestaram, movam a Vossa piedade a libertá-los, se ainda se encontram no Purgatório, nesse lugar de sofrimento.

Tendo em atenção o reconhecimento que lhes devo, perdoai as suas faltas que muitas vezes cometeram por causa de mim. Introduzi-os, pois, pela Vossa misericórdia, na glória do Paraíso, onde serão felizes para sempre, e onde eu um dia os quero rever para jamais me separar de Vós e deles pelos séculos dos séculos. Amém.

Dai-lhe, Senhor, o descanso eterno... (3 vezes)

PELO PRÓPRIO MARIDO OU ESPOSA

Deus de todas as virtudes que, elevando à dignidade de Sacramento o matrimônio, ensinastes todos os cônjuges a amar-se reciprocamente com um amor semelhante ao que consagrais à Santa Igreja, isto é, a não cessar jamais de procurar o verdadeiro bem um do outro; dignai-Vos escutar as preces que Vos dirijo pela alma de N. (meu marido, minha esposa) que Vós mesmo me destes como auxílio nas penas desta vida terrena, e que chamastes ao Vosso seio, para ensinar-me a colocar só em Vós a minha esperança e a minha alegria.

Recebei em desconto das suas faltas, contraídas talvez por minha causa, aquele pouco bem que faço em seu sufrágio e que pretendo unir aos méritos de todos os santos, aos de Maria Santíssima, mas sobretudo aos méritos infinitos de Jesus Cristo, para libertá-lo(a) o mais depressa possível, se ainda está no Purgatório, e conduzi-lo(a) às alegrias eternas do céu.

Sim, acolhei entre os Vossos braços essa alma bendita, e escutando a minha oração que será também favorável a mim, fazei que eu viva santamente de modo a merecer louvar-Vos unido(a) a ele(a) por toda a eternidade na glória.

Dai-lhes, Senhor, o descanso eterno...

PELOS IRMÃOS E IRMÃS

Senhor Jesus Cristo, que fizeste da caridade fratena, da qual Vos apresentastes Vós mesmo como modelo, o primeiro dever e o primeiro distintivo de todos os vossos discípulos, libertai das penas do Purgatório e chamai à posse da Vossa glória os nossos irmãos e irmãs. Vós que Vos dignastes tornar-Vos o nosso irmão maior, tomando a nossa própria carne, e elevar-nos à dignidade de filhos adotivos do Vosso eterno Pai, não permitais que estejam separados de vós estes irmãos menores que com gemidos inenarráveis imploram a Vossa compaixão.

Com os méritos infinitos da Vossa Paixão e da Vossa morte, valorizai de tal modo a nossa oração, as nossas boas obras, os nossos sofrimentos de modo a servirem, para descontar todas as dívidas que ainda têm para com a vossa justiça.

Quando estiverem no Paraíso, ouvi a oração que dirigimos pela nossa salvação ao trono da Vossa misericórdia, para que possamos gozar perpetuamente da sua companhia na glória, depois de termos rivalizado com a sua resignação e com todas as suas virtudes nesta vida terrena.

Dai-lhes, Senhor, o descanso eterno...

PELOS PARENTES AMIGOS E BENFEITORES

Amabilíssimo Redentor e Nosso Senhor Jesus Cristo, que com a Vossa ternura por Lázaro e a Vossa predileção por João santificastes todos os laços de amizade terrena, para que todos tendessem para a comum santificação, ouvi as súplicas que apresentamos ao Vosso trono pelos nossos parentes, amigos e benfeitores que sofrem no Purgatório.

O afeto que nutriram por Vós, as ajudas que nos deram, nas mais diversas necessidades, e os muitos beneficios que fizeram só por Vosso amor merecem o nosso mais empenhado reconhecimento. Mas, como cumprir um dever tão sagrado para com eles se ainda se encontram no cárcere do Purgatório de que só Vós tendes a chave? Vós que sois o comum Mediador, o Pai de toda a consolação, Vós que com a aplicação da mínima parte dos Vossos méritos podeis assegurar a remissão dos maiores débitos de todo o mundo, valorizai pela Vossa misericórdia, o pouco bem que fizermos pela sua libertação, tornai eficaz a nossa oração para que sejam libertas das sua penas. Dizei a cada um deles, como outrora diante do túmulo do Vosso amigo Lázaro: "Lázaro, vem para fora". Admiti-os ao gozo das delícias que gozam os que já estão no Vossso seio. Fazei que, glorificados, obtenham para todos nós as graças que nos tomarão seus vizinhos pelos séculos sem fim. E assim como na terra estivemos ligados a eles por laços de sangue, assim, por toda a eternidade, com eles Vos louvemos para sempre.

Dai-lhes, Senhor, o descanso eterno...

NOVENA DAS ALMAS (2)

(Quanto possível feita diante de um crucifixo)

Oferecimento

Altíssimo Senhor, eu Vos ofereço estas orações em união com os merecimentos do Vosso Filho Unigênito e Senhor meu, Jesus Cristo, a quem peço que as receba em desconto e satisfação das minhas culpas e pecados. Confirmando o que São Gregório e outros Pontífices têm concedido a quem as rezar diante da imagem de Jesus Crucificado, tudo quanto ganhar é minha vontade aplicar pelas Almas do Purgatório, segundo a ordem que for mais do Vosso divino agrado.

1º dia

Primeira Saudação

Senhor meu, Jesus Cristo, eu Vos adoro suspenso na cruz, suportando a coroa de espinhos na Vossa Sagrada Cabeça: rogo-Vos que essa nobilíssima cruz seja o escudo que me livre dos ministros da Vossa violência. Amém.

Pai Nosso e Ave Maria.

Oração final pág. 106

2º dia

Segunda Saudação

Senhor meu, Jesus Cristo, eu Vos adoro nessa cruz, ferido e coberto de chagas, onde Vos deram a beber fel e vinagre: rogo-Vos que essas benditas chagas sejam o remédio e a saúde da minha alma. Amém.

Pai Nosso e Ave Maria.

Oração final pág. 106

3º dia

Terceira Saudação

Senhor meu, Jesus Cristo, pelos sofrimentos que sofrestes por mim, miserável pecador, na cruz, principalmente na hora em que a Vossa santíssima alma deixou o Vosso corpo: rogo-Vos que tenhais misericórdia da minha alma, quando sair da tenda, que é o corpo, e a leveis à vida eterna. Amém.

Pai Nosso e Ave Maria.

Oração final pág. 106

4º dia

Quarta Saudação

Senhor meu, Jesus Cristo, eu Vos adoro colocado no sepulcro, ungido com mirra e bálsamos aromáticos: rogo-Vos que a Vossa preciosa morte seja a minha ditosa vida. Amém.

Pai Nosso e Ave Maria.

Oração final pág. 106

5º dia

Quinta Saudação

Senhor meu, Jesus Cristo, eu Vos adoro descendo ao Limbo, para livrar as almas que nele esperavam a Vossa tão desejada vinda: rogo-Vos que liberteis a minha alma de todas as prisões. Amém.

Pai Nosso e Ave Maria.

Oração final pág. 106

6º dia

Sexta Saudação

Senhor meu, Jesus Cristo, eu Vos adoro ressuscitando de dentre os mortos, subindo gloriosamente ao céu e sentado à mão direita do Vosso Eterno Pai: rogo-Vos que me façais merecedor de Vos acompanhar até essa glória e ficar gozando da Vossa visão beatífica. Amém.

Pai Nosso e Ave Maria.

Oração final pág. 106

7º dia

Sétima Saudação

Senhor meu, Jesus Cristo, Pastor benigno, conservai os justos na graça, convertei os pecadores, compadecei-Vos de todos os fiéis e favorecei com o Vosso santo amor, este miserável pecador. Amém.

Pai Nosso e Ave Maria.

Oração final pág. 106

8º dia

Oitava Saudação

Senhor meu, Jesus Cristo, eu Vos adoro na Vossa vinda no Juízo Final, chamando todos os justos ao céu e condenando os pecadores ao inferno: rogo-Vos que a Vossa Dolorosa Paixão nos livre daquelas penas e nos leve à vida eterna. Amém.

Pai Nosso e Ave Maria.

Oração final pág. 106

9º dia

Nona Saudação

Ó amantíssimo Pai, eu Vos ofereço a inocente morte de Vosso amado Filho e o amor do seu Divino Coração, por todas as culpas e penas que eu, pecador, tenho merecido pelas minhas faltas. Rogo-Vos também por todos os meus parentes e amigos, vivos e falecidos: tende misericórdia de todos nós. Amém.

Pai Nosso e Ave Maria.

ORAÇÃO FINAL

Senhor meu, Jesus Cristo, que admiravelmente revelastes o mistério da Vossa Santíssima Paixão ao vosso bem-aventurado servo S. Gregório, peço-Vos que me concedais alcançar a remissão dos pecados que o mesmo venerável Pontífice com a sua Autoridade Apostólica liberalmente concedeu a todos os que verdadeiramente se arrependessem dos seus pecados e meditassem na vossa Paixão. Vós que viveis e reinais pelos séculos dos séculos. Amém.

* * *

VIA-SACRA DAS ALMAS DO PURGATÓRIO

Oração preparatória:

Contrito e humilhado estou aos vossos pés, ó meu Divino Redentor, com o pensamento e o remorso de tantos e tão feios pecados, que contra vós cometi, e com os quais vos obriguei a tantas fadigas durante a vossa vida mortal, e a tantos martírios, desprezos e injúrias na vossa paixão e morte. Mas eu me arrependo de todo o coração e prometo emenda, na qual espero perseverar, pelos méritos infinitos do Vosso Sangue derramado no caminho doloroso do Calvário, que vou agora percorrer em espírito, meditando com amor e fé o que nele sofrestes por este ingrato pecador.

Uno neste momento os meus trabalhos e sofrimentos às Vossas imensas dores, para que as apliqueis, com as indulgências que me são concedidas, às almas dos meus irmãos defuntos, especialmente às mais necessitadas da minha família e da minha vizinhança, e por aquelas por quem mais se interesse o Vosso Santíssimo Coração.

1ª ESTAÇÃO

– Jesus, depois de ser cruelmente flagelado e coroado de espinhos, é condenado à morte.

Ó Jesus, para não desagradar aos homens, Pilatos, condena-vos à morte. Mas ele não conhecia a Vossa divindade; como eu que creio em Vós, que Vos chamo Deus e pai. Quantas vezes tenho deixado de cumprir os meus deveres, por respeito humano! Tende misericórdia de mim, ó Jesus.

E àquelas almas que padecem no Purgatório, por terem querido agradar aos homens antes que a Vós, dai um lugar de refrigério, de luz e de paz.

Pai Nosso, Ave Maria.

Dai-lhes, Senhor, o descanso eterno entre os resplendores da luz perpétua. Descansem em paz. Amém.

2ª ESTAÇÃO

– Jesus, depois de vestido para ser conhecido por todos, leva a cruz aos ombros com paciência e amor.

Com que alegria não vos abraçais à cruz, onde ides morrer por nosso amor, ó Jesus. E eu, pecador como sou, fujo das cruzes amorosas que me enviais, para minha santificação. Ó Jesus, tende misericórdia das minhas impaciências com a cruz da minha vida.

E às almas do Purgatório, que penam por não terem levado com resignação, amor e alegria, as cruzes com que as provastes durante a vida, dai um lugar de refrigério, de luz e de paz.

Pai Nosso, Ave Maria.

Dai-lhes, Senhor, o descanso eterno entre os resplendores da luz perpétua. Descansem em paz. Amém.

3ª ESTAÇÃO

– Jesus, desfalecido pelo sangue derramado na flagelação e atropelado pelos soldados, cai em terra.

Ó Jesus, a Vossa cruz foram as minhas iniquidades; e o seu peso enorme Vos fez cair! Mas levantais-Vos corajosamente, e prosseguis até ao Calvário. Ó Deus onipotente, quando me virdes caído sob o peso enorme da minha fraqueza, ajudai-me a levantar da culpa e a perseverar na sua emenda até à morte.

E às almas do Purgatório, que penam por desanimar no caminho do bem e por não confiarem em Vós, dai um lugar de refrigério, de luz e de paz.

Pai Nosso, Ave Maria.

Dai-lhes, Senhor, o descanso eterno entre os resplendores da luz perpétua. Descansem em paz. Amém.

4ª ESTAÇÃO

- Maria Santíssima encontra seu amado Filho no caminho do Calvário.

Ó Jesus, o encontro com a Vossa Mãe, neste momento, causou-Vos muita dor; mas também Vos deu alento, pois bem sabeis que dentro do Seu peito materno, clamava o Seu coração: sobe, ó Filho! Ânimo, que está próximo a hora de resgatar a Humanidade, que tanto amamos. Ó meu Salvador, quanto me virdes desfalecer ao peso da cruz da minha fraqueza, alentai-me com a esperança para que não desespere de Vós.

E às almas do Purgatório, que passaram esta vida com frouxidão no Vosso serviço, e penam por esta culpa, dai um lugar de refrigério, de luz e de paz.

Pai Nosso, Ave Maria.

Dai-lhes, Senhor, o descanso eterno entre os resplendores da luz perpétua. Descansem em paz. Amém.

5ª ESTAÇÃO

- Os soldados temendo que Jesus não chegasse vivo ao Calvário, pagaram a Simão Cireneu para lhe levar a cruz.

Já não podeis, Deus Onipotente, com a cruz dos meus pecados, e necessitais de um Cireneu. Como hei de levar sozinho essa cruz sendo eu pó e cinza? Sede o meu Cireneu, ó Jesus; não deixeis morrer no meu peito a esperança que tenho no Vosso Coração de Pai; então, serei forte na via dolorosa do meu calvário.

E às almas que penam no Purgatório, por não terem o seu próximo a levar a cruz da vida, dai um lugar de refrigério, de luz e de paz.

Pai Nosso, Ave Maria.

Dai-lhes, Senhor, o descanso eterno entre os resplendores da luz perpétua. Descansem em paz. Amém.

6ª ESTAÇÃO

- Verônica, sem medo da soldadesca, corre para Jesus a limpar-Lhe o rosto coberto de suor e pó, de sangue e lágrimas.

O ânimo da Verônica em servir, ó Jesus, repreende a minha frouxidão, em aliviar e socorrer o meu próximo necessitado, que é o Vosso verdadeiro retrato.

E às almas, que penam no Purgatório, por não terem visitado os enfermos, nem consolado os tristes, nem morto a fome aos pobres, dai um lugar de refrigério, de luz e de paz.

Pai Nosso, Ave Maria.

Dai-lhes, Senhor, o descanso eterno entre os resplendores da luz perpétua. Descansem em paz. Amém.

7ª ESTAÇÃO

- Jesus cai pela segunda vez ao sair as portas de Jerusalém.

Ó Jesus, ao deixar Jerusalém caís em terra, porque desejais ficar com essa cidade que vos sentenciou à morte; mas, como não podeis resgatá-la do seu crime, sem morrer por ela, levantais-vos e subis ao Calvário. Ó Jesus, a minha alma é essa cidade deicida; porém, se Vos tem dado a morte é por fraqueza, não é rancor que Vos tenha. Tende piedade dela, reanimai--a com o Vosso sangue, sempre que esmorecer ao peso da sua fragilidade.

E às almas do Purgatório, que penam pelas suas muitas recaídas no pecado, dai um lugar de refrigério, de luz e de paz.

Pai Nosso, Ave Maria.

Dai-lhes, Senhor, o descanso eterno entre os resplendores da luz perpétua. Descansem em paz. Amém.

8ª ESTAÇÃO

- Jesus diz às santas filhas de Jerusalém que O seguem chorando: "não choreis as Minhas dores, chorai os vosso pecados e os vossos filhos".

Eu choro, ó Jesus, a minha cruz e a Vossa, pois uma e outra são os meus pecados. Não me deixeis ficar caído sob esta cruz. Ajudai-me a erguer e a chorar a minha grande fraqueza e a continuar firme no caminho da minha salvação.

E às almas do Purgatório, que penam pelo pouco arrependimento dos pecados veniais, cuja gravidade não fizeram reparo, dai um lugar de refrigério de luz e de paz.

Pai Nosso, Ave Maria.

Dai-lhes, Senhor, o descanso eterno entre os resplendores da luz perpétua. Descansem em paz. Amém.

9ª ESTAÇÃO

– Jesus cai abandonado, sem alento, pela terceira vez.

Ó Jesus, nas Vossas repetidas quedas no caminho do Calvário, eu vejo resumida a história da minha consciência: recair na culpa depois do arrependimento. Dai-me a graça de no futuro, não voltar a cair. Mas, se é necessário para me curar da soberba, a que tanta aversão tendes, que eu reconheça em quedas repetidas, a minha miséria e o meu soberbo nada, então dai-me a graça de a cada queda se seguir o arrependimento sincero de Vos ter ofendido.

E às almas do Purgatório, que penam pelo seu porte soberbo e arrogante para com o seu próximo, dai um lugar de refrigério, de luz e de paz.

Pai Nosso, Ave Maria.

Dai-lhes, Senhor, o descanso eterno entre os resplendores da luz perpétua. Descansem em paz. Amém.

10ª ESTAÇÃO

- Jesus chega ao Calvário onde Lhe arrancam a túnica colada às chagas.

Convencido da minha fraqueza, pelas repetidas quedas no Vosso serviço, humilhado na Vossa presença e na do meu próximo de cuja companhia sou indigno, vos peço a graça de me conservardes desapegado das coisas deste mundo e das opiniões dos homens, e de só a Vós atender, só em Vós e só em Vós viver.

E às almas do Purgatório, que penam por temerem mais os juízos dos homens do que os Vossos, que se apegaram mais ao mundo e à carne, que a Vós, dai um lugar de refrigério, de luz e de paz.

Pai Nosso, Ave Maria.

Dai-lhes, Senhor, o descanso eterno entre os resplendores da luz perpétua. Descansem em paz. Amém.

11ª ESTAÇÃO

– Jesus é pregado com grossos cravos na cruz e levantado ao alto entre os escárneos dos Judeus.

Dai-me, ó Jesus, um verdadeiro espírito de penitência, um desejo grande de sofrer por Vós, em desconto de tanto que Vos fiz sofrer. Cravai-me na cruz da mortificação, e nela me conservai, até morrer por Vós.

E às almas do Purgatório, que penam por terem tratado a sua carne com mimos e vaidades, dai um lugar de refrigério, de luz e de paz.

Pai Nosso, Ave Maria.

Dai-lhes, Senhor, o descanso eterno entre os resplendores da luz perpétua. Descansem em paz. Amém.

12ª ESTAÇÃO

- Jesus, depois duma tormentosa agonia de três horas, morreu por nosso amor.

Bendigo, ó Jesus, a Vossa morte, que nos deu a vida, e louvo e bendigo o Vosso magnânimo coração, por tudo quanto sofreu até este último momento de vida, por meu amor. Prometo-Vos, ó divino Redentor, sofrer todas as provações que me enviardes, em união com o Vosso coração moribundo.

E às almas que penam no Purgatório, por não terem ajudado a bem morrer o seu próximo agonizante, dai um lugar de refrigério, de luz e de paz.

Pai Nosso, Ave Maria.

Dai-lhes, Senhor, o descanso eterno entre os resplendores da luz perpétua. Descansem em paz. Amém.

13ª ESTAÇÃO

- O corpo do Salvador é descido da cruz; Maria Santíssima toma-O no seu regaço e banha-O com muitas lágrimas.

Ó Maria! Eu também sou vosso filho; tomai no vosso regaço esta alma desfalecida no caminho da virtude, morta tantas vezes para a vida da graça e dai-lhe palavras de esperança e de coragem, para que evite a morte da culpa.

E às almas que penam no Purgatório, por não terem evitado, a si e ao próximo, as ocasiões de pecado, dai um lugar de refrigério, de luz e de paz.

Pai Nosso, Ave Maria.

Dai-lhes, Senhor, o descanso eterno entre os resplendores da luz perpétua. Descansem em paz. Amém.

14ª ESTAÇÃO

- Maria Santíssima entrega o corpo de Seu Filho para ser amortalhado e acompanha-O à sepultura, ficando depois em dolorida soledade.

Ó Mãe Dolorosa! O vosso martírio chegou ao extremo neste passo, o mais doloroso de toda a vossa vida; mas vai findar em menos de três dias. Mas não finda, ó Mãe dos pecadores, o martírio da minha consciência, roída de remorsos, de dúvidas, de ansiedade. Alumiai a minha pobre alma com o clarão da fé e da esperança; deitai Jesus, vosso Filho, neste sepulcro gelado do meu coração, para que nele permaneça até a hora da minha morte, e seja a minha ressurreição para a eterna glória.

E às almas do Purgatório que penam por serem negligentes em assistir aos funerais dos seus irmãos, dai um lugar de refrigério, de luz e de paz. Assim seja.

Pai Nosso, Ave Maria.

Dai-lhes, Senhor, o descanso eterno entre os resplendores da luz perpétua. Descansem em paz. Amém.

* * *

JACULATÓRIAS

Que as almas dos fiéis defuntos, pela misericórdia de Deus, descansem em paz. Amém.

* * *

V. Dai-lhe, Senhor, o repouso eterno

R. E brilhe para elas a vossa luz.

V. Descansem em paz.

R. Amém.

* * *

Coração agonizante de Jesus, **tende piedade dos moribundos.**

* * *

Jesus, Maria e José, eu vos amo, salvai almas.

* * *

PEQUENO MANUAL DE INDULGÊNCIAS

O QUE SÃO AS INDULGÊNCIAS?

A Santa Igreja nos ensina em sua doutrina que todo pecado cometido traz consigo consequências como: a perda da vida da alma quando é mortal ou o esfriamento da caridade na alma para com as coisas divinas quando venial. O pecado também possui dois aspectos: a culpa e a pena. Quando recorremos à confissão sacramental, além de restaurar a graça santificante devolvendo a vida da alma, perdoa a culpa e as penas eternas devida pelo pecado. Esta pena eterna é o inferno.

No entanto, ainda permanecem as penas temporais que são também consequências do pecado e que precisamos necessariamente expiar para nos santificar e para satisfazer a justiça divina. É por isso, que o sacerdote após pronunciar a oração de absolvição, impõe ao fiel uma penitência. Também a aceitação resignada, com fé e amor nos demais sofrimentos que Deus envia ou permite, ajuda o fiel neste processo de purificação, de santificação e expiação.

Essas penas temporais devem ser pagas por nós nesta vida, e o que não for, será purificado no purgatório. A Santa Igreja Católica ensina que o Purgatório é um lugar em que sofrem uma pena temporal as almas dos que morrem sem pecado mortal, e que precisam expiar os pecados veniais com as suas penas, ou as penas devidas aos pecados mortais já perdoados na Confissão. Essas almas que estão se purificando, já não podem fazer nada por si mesmas, não podem fazer atos meritórios.

No entanto, nós podemos ajudar essas almas a aliviar suas penas, para isso, a Santa Igreja ensina e instrui os fiéis a oferecer orações, esmolas, boas obras, indulgências, mas sobretudo o Santo Sacrifício da Missa em sufrágios delas.

O Catecismo da Igreja Católica explica que **"a indulgência é a remissão, diante de Deus, da pena temporal devida pelos pecados já perdoados quanto à culpa, que o fiel, devidamente disposto e em certas e determinadas condições, alcança por meio da Igreja, a qual, como dispensadora da redenção, distribui e aplica, com autoridade, o tesouro das satisfações de Cristo e dos Santos." (CIC 1471).** A Igreja recebeu de Nosso Senhor Jesus Cristo este poder de conceder indulgências, aplica-nos as satisfações de Jesus Cristo, da Santíssima Virgem Maria e dos Santos, as quais formam o que se chama o tesouro da Igreja.

A indulgência é parcial ou plenária, conforme liberta, em parte ou no todo, da pena temporal devida pelos pecados. Na **plenária** é perdoada toda a pena temporal devida pelos nossos pecados. Por isso, se alguém morresse depois de ter recebido esta indulgência, iria logo para o céu, sem precisar passar pelo Purgatório. A **indulgência parcial** perdoa só parte da pena temporal, devida pelos nossos pecados. A intenção da Igreja ao conceder as indulgências é auxiliar a nossa dificuldade em expiar neste mundo toda a pena temporal, fazendo-nos conseguir por meio de obras de piedade e de caridade cristã, satisfazer a justiça de Deus e mais depressa alcançar a posse do céu.

Para que tenhamos mais compaixão pelas almas que estão no purgatório, Santo Tomás de Aquino, na Suma Teológica, cita Santo Agostinho: *"O fogo do purgatório será mais doloroso que qualquer pena que possamos sentir, ver ou imaginar neste mundo".*

Que realidade tremenda, nenhum sofrimento deste mundo ultrapassa as penas que lá sofrem, ou seja, as penas experimentadas no purgatório são tão dolorosas que nenhum sofrimento desta vida se compara com o que sofrem no purgatório.

Sabemos pela doutrina da Igreja que essas penas são passageiras, mas diz São Gregório Magno, que são mais terríveis e insuportáveis que todos os males desta vida.

Santa Catarina de Gênova, após uma visão relatou: *"que coisa terrível é o purgatório! Confesso que nada posso dizer e nem conceber que se aproxima sequer da realidade. Vejo que as penas que lá padecem as almas são tão dolorosas como as penas do inferno"*.

Santa Faustina, teve uma experiência semelhante, foi levada ao Purgatório por um anjo, a santa relata como foi este acontecimento:

"Vi o Anjo da Guarda que me mandou acompanhá-lo. Imediatamente encontrei-me em um lugar enevoado, cheio de fogo, e, dentro deste, uma multidão de almas sofredoras. Essas almas

rezavam com muito fervor, mas sem resultado para si mesmas; apenas nós podemos ajudá-las. E perguntei a essas almas qual era o seu maior sofrimento. Responderam-me, unânimes, que o maior sofrimento delas era a saudade de Deus. Vi Nossa Senhora que visitava as almas no Purgatório. As almas chamam a Maria 'Estrela do Mar'. Queria conversar mais com elas, mas meu Anjo da Guarda fez-me sinal para sair. Saímos pela porta dessa prisão de sofrimento. Ouvi então uma voz interior que me dizia: 'A Minha misericórdia não deseja isto, mas a justiça exige'".

Portanto, se podemos ajudar essas pobres almas, devemos saber as condições necessárias para realmente lucrar indulgências com maior abundância de méritos e auxiliá-las a expiar suas penas para que sejam admitidas na bem-aventurança eterna. O Manual das Indulgências esclarece as condições necessárias e como devemos fazer essas obras para que ganhemos as graças das indulgências.

CONDIÇÕES PARA LUCRAR INDULGÊNCIAS

1. Qualquer fiel pode lucrar indulgências parciais ou plenárias para si mesmo ou aplicá-las aos defuntos como sufrágio, porém, ninguém pode lucrar indulgências em favor de outras pessoas vivas.

2. A indulgência plenária só se pode lucrar uma vez ao dia, salvo em perigo de morte, que se pode lucrar mais de uma vez no mesmo dia. Já a indulgência parcial pode-se receber livremente diversas vezes num mesmo dia.

3. Para lucrar indulgências, seja parcial ou plenária, é preciso cumprir certos requisitos básicos como: ser batizado, não estar excomungado, estar em estado de graça, pelo menos até o fim das obras prescritas.

4. Com uma única confissão é possível lucrar várias indulgências plenárias, mas com uma só comunhão e com

uma só oração alcança-se uma só indulgência plenária.

5. Para a indulgência plenária, além da repulsa de todo o afeto a qualquer pecado, inclusive o venial, requerem-se a execução da obra enriquecida da indulgência e o cumprimento das três condições seguintes: confissão sacramental, comunhão eucarística e oração nas intenções do Santo Padre, o Papa, condição que se cumpre ao se recitar um Pai-nosso e uma Ave-Maria, mas os fiéis podem acrescentar outras orações conforme sua piedade e devoção.

6. As três condições acima podem ser feitas em dias diversos, antes ou após a realização da obra prescrita, mas convém que a comunhão e a oração pelas intenções do Papa se façam no mesmo dia em que se pratica a obra.

DATAS E ALGUMAS ORAÇÕES PARA LUCRAR INDULGÊNCIAS

1. Em especial para os defuntos, o fiel que visitar devotamente um cemitério e rezar, mesmo em espírito, concede-se indulgência aplicável somente às almas do purgatório. Esta indulgência será plenária, a cada dia, de 1 a 8 de novembro; nos outros dias do ano será parcial.

2. Concede-se indulgência plenária, aplicável somente às almas do purgatório, aos fiéis que no dia da comemoração de todos os fiéis defuntos visitarem piedosamente uma igreja ou oratório. Esta indulgência poderá alcançar-se no dia marcado ou, com consentimento do ordinário, no domingo antecedente ou subsequente ou na solenidade de Todos os Santos.

3. No dia 31 de dezembro, a Igreja concede indulgência plenária a todas as pessoas que participarem da Santa Missa

e rezarem ou cantarem o "Te Deum" em ação de graças. No dia 1º de janeiro e na solenidade de Pentecostes concede-se indulgência plenária ao fiel que recitar devotamente o "Veni Creator".

4. Concede-se indulgência parcial ao fiel que visitar o Santíssimo Sacramento para adorá-lo; se o fizer por ao menos meia hora, a indulgência será plenária.

5. A oração: "Dai-lhes, Senhor, o repouso eterno, e brilhe para eles a vossa luz. Descansem em paz! Amém". Indulgência parcial aplicável somente às almas do purgatório.

6. Récita do Santo Rosário na igreja ou oratório ou em família, na comunidade religiosa ou em piedosa associação, indulgência plenária, em outras circunstâncias parcial. Também é possível lucrar indulgência plenária recitando a terça parte do Rosário, ou seja, o Terço. Basta rezar as cinco dezenas juntas, com piedosa meditação

acompanhada da oração vocal. Na recitação pública, devem-se anunciar os mistérios, conforme o costume aprovado do lugar, na recitação privada, basta que o fiel ajunte a meditação dos mistérios à oração vocal.

7. Concede-se indulgência parcial ao fiel que ler a Sagrada Escritura, com a veneração devida à palavra divina, e a modo de leitura espiritual. A indulgência será plenária, se o fizer pelo espaço de pelo menos meia hora.

8. Concede-se indulgência plenária ao fiel que fizer o exercício da via-sacra, piedosamente, desde que se realize diante das estações da via-sacra, legitimamente eretas. Conforme o costume mais comum, o piedoso exercício conta de catorze leituras devotas, a que se acrescenta algumas orações vocais. Requer-se piedosa meditação só da Paixão e Morte do Senhor, sem ser necessário a consideração do mistério de cada estação. Exige-se o

movimento de uma para a outra estação. Mas se a via-sacra se faz publicamente e não se pode fazer o movimento de todos ordenadamente, basta que o dirigente se mova para cada uma das estações. Os legitimamente impedidos poderão ganhar a indulgência com uma piedosa leitura e meditação da Paixão e Morte do Senhor ao menos por 15 minutos.

9. Concede-se indulgência plenária aos fiéis que se aproximarem pela primeira vez da sagrada comunhão ou que assistem a outros que se aproximam.

10. Concede-se indulgência parcial ao fiel que renovar as promessas do batismo em qualquer fórmula de uso; e ganhará indulgência plenária, se o fizer na celebração da Vigília Pascal ou no aniversário de seu batismo.

Este intercâmbio admirável entre a Igreja Triunfante no céu, a Igreja Padecente no purgatório e a Igreja Militante na terra mostra-nos como é insondável este mistério. Acham-se os homens unidos entre si por uma relação sobrenatural, assim a santidade de um traz benefícios aos outros, prestam os fiéis socorros mútuos para atingirem seu fim eterno, fim para o qual Deus nos criou.

Deus de bondade e misericórdia, quero ganhar todas as indulgências que puder neste dia e sempre, e aplicá-las às almas que padecem no purgatório. Amém.